專業講師寫給怕尷尬的父母，
健全觀念×實例示範，
讓性教育自然融入親子生活！

性教育

教孩子前 先教自己

유아기부터 시작하는
우리 아이 성교육

朴美愛 著　邱麟翔 譯

給為了你的寶貝而打開這本書的父母
向您致上敬意

推薦序——

帶領父母打開性教育的視野

江欣怡（諮商心理師、性諮商師）

提到性教育，這個常會讓人感到有點焦慮緊張的議題，如何在教孩子的過程，仍然保有愛與關係的連結，讓我們有機會陪伴孩子健康的性發展和成長，成人其實也需要很多的準備與練習。

本書與其說是一本性教育的指南，更像是提供一個性教育的視野，邀請關注性教育的父母，先回頭檢視與整理自身態度與價值觀的重要，因為性教育，教的不只是知識，父母／家長面對性的態度，也在生活與關係中傳達給孩子。不僅影響孩子如何看待性、自己、身體與關係，也會影響孩子與父母討論的意願。

對於性態度的檢視，作者優先以性別意識的角度切入，然而生活中還存在有許多與性有關的價值觀，透過本書的後半段所提供的生活中各種可以練習談性與進行性教育的素材，剛好也是一個機會，讓你能夠整理自己對於不同性相關話題的想法感受和價值態度。它或許可以作為你與孩子談性的參考，但因著不同社會文化、個人價值觀與準備度等差異，你也可能會在看著這些範例時產生不同的想法感受，甚至感到困惑、疑慮，邀請你可以找到信任的夥伴對象或專業資源，與你對話討論澄清，找到適合自己的作法！

性與性別教育這個領域，受國家的政策與社會文化影響甚鉅，而性別與性相關書籍的出版，也蘊含著作者的價值觀點，我很鼓勵讀者在閱讀相關書籍時，可保持著與自己的價值觀對話，藉由不同書籍的刺激，來建構自己信任價值觀的參考。

記得，性教育，教孩子前先教自己，相信如果能這樣，絕對會是一個我們與孩子一起學習成長的珍貴歷程！

推薦序——

用日常話題，與孩子一同展開性教育學習之路

諶淑婷（不會教小孩行動聯盟常務監事）

記得某次到小學，與五年級學生進行一場性教育講座時，有個頑皮的男孩故意說了好幾次「色色」，引來眾人哄堂大笑，也幾次打斷講課節奏。我決定先好好處理「什麼是色色」，男孩回答：「打手槍？」

「不是喔，不過我們可以先討論什麼是『自慰』。自慰是正常的生理需求，很色嗎？」突然間，學生們全都興奮起來，竟然有位成人是認真要和他們談「性」！立刻有更多學生舉手問：「到底什麼是自慰？」「那『色色』是性騷擾或性侵害嗎？」在這段熱烈的討論裡，孩子對性暴力有了真正的認識，也認同不應該「笑著說色色」，他們發現，每一件關於性的好事、壞事，都有更適合、更準確的語詞去說明，以促狹的態度說「色色」，不過是想引起注意，遮掩自己

對性的不了解。

但孩子不懂何謂性教育是很正常的，因為他們也不是一出生就會說話、騎車、打球、算數與繪畫，孩子擁有的各項能力，是成人一點一滴投注心力灌溉而成，只要孩子顯露興趣，現代家長都很願意付出心力與資源去滿足孩子的學習慾望，唯獨性教育，多數家長仍認為「長大後就知道了」、「學校有教就好」，即便有些家長意識到性教育的重要性，也不知道能從何處獲得適當教材。

當我讀到《性教育，教孩子前先教自己》時，衷心佩服作者，切切實實地抓到了推動性教育的關鍵，不是急著灌輸孩子關於「性」的知識，或是要小孩趕快懂得保護自己免於性暴力，而是家長必須先好好教育自己，才能陪伴孩子建立對於「性」的正確觀念與態度。

陪孩子跑一場性教育馬拉松

家長一定認同，童年是建立起許多能力與價值觀的關鍵時期，那麼「性」當然也是，孩子在進入青春期的過程中，能否正面看待自己的身體，自然接受第二性徵的變化，端看他的引領者——往往是家庭主要照顧者——在日常生活中呈現什麼樣的性別角色？是否會對性感到彆扭？除了性器官與性行為，能否意識到「性」其實包含了身體、性別、人際關係、性慾與性心理，以及社會風俗與制度。

對上述毫無頭緒的家長，請下定決心，做好性教育的預習功課吧！因為家長理應是最了解孩子成長狀況的人，可以依據孩子的不同成長階段提供「適齡性教育」。我常以月經為例，幼兒看到媽媽來月經，會以為「媽媽流血了」感到困惑或擔心，此時簡略和孩子解釋「這個月媽媽肚子裡不需要建造一個寶寶的家，所以家拆掉了，變成血流出來」即可；如果是國小低、中年級的孩子，就可以說明卵巢與子宮的週期性運作，讓他們為即將到來的青春期做準備；高年級與國、高中生需要的是月經用品的認識與選擇、經痛如何舒緩等，同時還要告知「有月經就有懷孕的能力，所以也要學習如何避孕」。

書中有一句形容：「性教育不是短跑，而是一場馬拉松，家長擔任配速員陪著孩子跑是很重要的。」所謂的配速，就是提供孩子當下需要的知識與陪伴，讓成長中的孩子不會徬徨無助，也不會失速或迷失方向，認為「我的身體是我的，我想做什麼都可以」。因為家長不會只告訴孩子「不行」，還會進一步說明原因，即便孩子因此生氣或失望，還是能一次又一次學習到，何謂人與人之間適當的關係，進而懂得社會規範。

就算是不開車或還沒辦法開車的人，也必須懂得交通規則，讓孩子越早學習性教育越好，是為了幫助孩子有能力、明智地應對未來可能發生的「性」相關議題與事件，並擁有較高的性暴力敏銳度，在別人做出不適當行為時，可以警覺到「怪怪的」、「他為什麼無視我的想法」、「這樣做不對吧」。同時也能知道「開玩笑和鬧著玩」也必須有所分際，每個人都要懂得尊重他人，不能為了好玩讓他人感受不適。

請先改變對待孩子的方式

書中提供了各種狀況與行動建議，讓家長可以馬上落實性教育，首要的就是改變對待孩子的方式，從「對自己的孩子，我想怎樣就怎樣」變成「自己的孩子，我當然要第一個尊重他」，這件事一點都不困難，例如孩子在廁所時，無論什麼理由，家人都不應該闖進浴室；洗澡後也不要在孩子面前裸體，或是以舒適為藉口在家中只穿著內褲。正因為是親密的家人，才要摒除「家人之間又不會怎樣」的心態，讓孩子自然建立起身體界線。

當然，現在依舊有不少人認為根本不需要性教育，就算孩子說髒話、開性玩笑，嘲笑同學的身體特徵或性別氣質，也僅看作是「必經的成長過程」，甚至認為孩子不經一事不長一智，但「性別平等教育法」已經施行二十年，性霸凌的定義也十分清晰，如果家長選擇忽視，只是讓孩子失去調整與改變自己的機會，無法跟上社會進步的腳步。

既然成人的責任是保護兒童，就不該消極的等待孩子自行消化所有關於性的難題，從現在起的每一天，都用輕鬆的日常話題開始性教育的學習之路吧！

專業人士　按讚好評

從月經困擾到意外懷孕、身體界線到青春期變化。這個世代的我們已經不再避談性。也知道性教育是許多議題的最終答案。但何時開始教？怎麼教？怎樣的性觀念才是正確健康。自己沒有學過的東西，到底該怎麼教孩子？本書是給我們這個時代的最佳解方！

透過提問、實際情境，作者用堅定溫柔的語氣，回應關於性的疑惑，化解家長的焦慮。陪伴孩子與自己的身體更靠近。

——烏烏醫師（婦產科醫師）

在推動全面性教育的過程中，我們最常被問到的問題就是：如何提升家長的性教育知能？本書正是一本絕佳的家長性教育入門書籍！

它不僅幫助家長重新審視自己對性的態度、建立與孩子談性前的心理準備（這真的很重要，如果缺乏練習與準備，很多人可能連性器官的正確名稱都說不出口！）更對性教育的核心精神與基礎知識提供了相當完整的說明，值得一讀！

——韓宜臻（臺灣性別平等教育協會祕書長）

前言

與孩子一起，建立對「性」的正確觀念與態度吧！

為了你家的小寶貝而打開這本書的各位父母，我想先告訴你們，何謂「給孩子的性教育」。「性」這個概念會隨著人的不同發展階段持續成長、變化，而且會影響人與人之間的關係。早在兒童時期，人就會形成對「性」的意識與認知，並在往後的一生中造成相當深遠的影響。就連孔子也多次強調兒童時期教育的重要性：「一生之計在於幼，一年之計在於春，一日之計在於寅。幼而不學，老無所知。」這段話我認為也同樣適用於性教育。父母應該幫助孩子從小就建立對「性」的正確觀念與態度。

孩子經常充滿好奇心的問各種問題，對於「性」也不例外，尤其在三到五歲這段期間，孩子對「性」特別好奇。奧地利心理學家佛洛伊德（Sigmund Freud）的性心理發展階段理論指出，三到五歲屬於「性器期」，對「性器」與「性」尤其感興趣，很多處於這個階段的兒童對

「性」的好奇會明顯增加並大量提出相關疑問。面對孩子的好奇與疑問，照顧者應該適當地給予回應，從小就培養孩子對「性」的廣泛理解和認知。

給孩子的性教育，比起急著灌輸孩子關於「性」的知識，更重要的是先幫助孩子建立對「性」的正確觀念與態度。美國芝加哥大學政治哲學教授布魯姆（Allan Bloom）指出，人的智力有五成是在四歲以前發展完成，有三成是在五到九歲發展完成。可見兒童時期的經驗與環境，對一個人的大腦與認知能力有很大的影響。

兒童時期也會決定一個人對於「性」的基本觀念與態度，尤其是你將正面看待「性」或是負面看待「性」。在兒童時期受過良好性教育的孩子，會懂得正面看待自己的身體，並在青春期出現第二性徵時，較能自然地接受改變。因此兒童時期的性教育帶來的影響，可以持續到青少年時期以後。

很多學者都指出，成年以後，兒童時期的性教育依然會帶來很大的影響；瑞士心理學家皮亞傑（Jean Piaget）的認知發展理論、佛洛伊德的性心理發展階段理論、美國心理學家艾瑞克森（Erik Homburger Erikson）的心理社會發展理論等，莫不強調兒童時期教育的重要性。韓國的兒童教育專家、陽光森林兒童青少年輔導中心所長李任淑也指出，三到六歲是人的成長階段裡最重要的一段時期，在這段時期裡，品格教育是最優先的，因為人的品格以及對「性」的態度與認知，都是在兒童時期形成。

育兒專家吳恩瑛博士指出，成人在性方面的問題，絕大多數與七歲前形成的性觀念有關。由於性觀念一旦形成就不容易改變，所以讓孩子從小就建立「性」的正確觀念與態度，是很重要的。

人人都是有性生物，父母、孩子無一例外，「性」是很自然的特質，毋須修飾、隱藏，而是應該接納其原本的樣貌，父母更要以身作則，以健康、自然的角度來看待「性」。給孩子的性教育，起跑點是身為照顧者的父母，父母要該懂得自然地引導孩子理解「性」，其實源自於「關係」與「愛」。

爬山前，很多人習慣先看地圖。如果不事先做功課、盲目地上路，不僅容易迷路，還可能遇到危險。唯有事先確認地圖，了解山的地形、登山路線，避開危險的地方，並記住哪些地方適合停下來喝水、休息，才能保障自己的安全。性教育也是一樣。父母先看好地圖、做好功課，才能將孩子需要的正確觀念與知識傳授給孩子——這就是守護自己的寶貝的方法。

在討論性教育時，父母對「性」的態度是最重要的，因為父母的一言一行會深深影響孩子的認知。父母是最了解孩子的人，也是最能夠在每一個成長階段裡教導孩子正確性觀念與態度的人。「態度」會是本書的主要內容，我將談談如何在日常生活裡與孩子一起建立對於「性」的正確觀念與態度。

對孩子而言，「家」是他能夠看著父母、向父母學習、如教室般的場域，也是一個小型社會。所以，父母也應該親自學習、以身作則。我希望本書能幫助每一位正在猶豫、不知該如何展開性教育的父母跨出第一步！為了你的寶貝孩子而打開本書的各位爸媽，希望本書能助你一臂之力！

目錄

第二章 性教育，教你尊重人權的態度教育

第三章 性教育，需要每個人、每一天的投入

第四章 孩子發問時，就是性教育的最好時機！

第一章

性教育的起點是父母

爸爸媽媽，請先檢視自己對「性」的認知

家庭——或者更準確地說，家裡的氣氛——是影響孩子對「性」的態度與價值觀的最大因素。在家裡，孩子會觀察父母的互動，學習到性別角色的觀念，並透過觀察父母表達情感的方式，自然而然地意識到「性」。

父母如果經常負面地看待「性」，或展現出性別歧視的態度，孩子就很難以健康的角度認識「性」、以自在的方式談論「性」，以及學習正確的性別觀念。這就是為什麼父母在開始孩子的性教育之前，應該先檢視自己對於「性」的態度，這會決定孩子是否會產生「性」方面的問題。

如果你很難開口談論「性」，多半是因為從未深入思考過「性」，或者太小心翼翼。我們一直以來都對生活中無處不在的「性」感到彆扭、尷尬，認為那是令人害羞、應該盡可能避免的話題。為什麼會這樣想呢？那是因為我們對「性」的認知，一直只集中在性器與性行為。然而

性器與性行為並不是「性」的全部，「性」還包含了身體、性別、人際關係、性慾與性心理，以及社會風俗與制度。簡言之，「性」這個概念包含了一切與性有關的人事物。

我們都是有性生物，父母、小孩無一例外。所以，「性」是很自然的一件事。例如，早上起床後到浴室小便，再打開衣櫃選穿衣服；抱著孩子告訴他「我很愛你」；夫妻考慮避孕；女子月經來潮；兩人相愛，發生關係……以上都和「性」有關。無論是兒童、青少年、男性還是女性，每個人都「有性」，也會在日常生活中自然地體驗到「性」。

父母必須先以健康的角度理解「性」、建立健康的性價值觀，才有辦法引導孩子了解「性」是源自「關係」與「愛」。父母如果可以毫無壓力地看待「性」，給孩子的性教育就成功一半了！接下來，只要引領孩子一點一滴地養成正確的性價值觀，並且不要在孩子提出與「性」相關的疑問時迴避或含糊帶過就可以了。

孩子對於父母的表情和態度是很敏感的，一旦感受到父母的態度是「你不可以問這方面的事情」，便很難再度毫無保留地表達自己的好奇心，進而也無法再以平常心去看待「性」。其實父母只要回答孩子：「這我也不太了解耶！我去查一查再告訴你答案。」就可以了，請不要跟孩子說：「那種事不知道也沒關係！」

請試著敞開心胸，仔細觀察自己對「性」的感受，不要忽視或壓抑。那麼你就能體會到「性」所帶來的快樂。展開給孩子的性教育之前，請各位爸媽用以下的自我檢核表，先檢視自己對「性」的認知。不用太嚴肅，只要放輕鬆填寫就可以了。

如果有些情境是你沒經歷過的，請假設自己正處於類似情境下。

「性」認知自我檢核表

		非常同意	同意	中立	不同意	非常不同意
1	孩子的性教育責任在媽媽身上。	○	○	○	○	○
2	女兒就該懂得檢點、謹言慎行。	○	○	○	○	○
3	媽媽比爸爸更該負責養育和照顧孩子。	○	○	○	○	○
4	孩子的生日派對，應該由媽媽準備。	○	○	○	○	○
5	男人比女人更應擔起家中的經濟責任。	○	○	○	○	○
6	幫孩子換尿布、洗澡等事務，由媽媽做比較適合。	○	○	○	○	○
7	丈夫的學歷應該高於妻子，夫妻感情才會融洽。	○	○	○	○	○
8	女人比男人更應注意採取避孕等措施。	○	○	○	○	○
9	女人應該改變自己的態度與行為，以取悅男人。	○	○	○	○	○
10	部會首長及高階官員鮮少由女性擔任，是因為女性的能力比男性差。	○	○	○	○	○
11	在任何工作場所，只要女性愈多，生產力就愈低。	○	○	○	○	○
12	男人施行性暴力，是因為性慾太強。	○	○	○	○	○
13	性暴力可能是由於被害人的穿著或行為才造成的。	○	○	○	○	○
14	我的小孩不會遭受性暴力。	○	○	○	○	○

		非常同意	同意	中立	不同意	非常不同意
15	我的小孩不會施行性暴力。	◯	◯	◯	◯	◯
16	男性為社會貢獻良多，應該比女性擁有更多決策權。	◯	◯	◯	◯	◯
17	女人的數理能力比男人差。	◯	◯	◯	◯	◯
18	孩子出現自慰行為是有問題的。	◯	◯	◯	◯	◯
19	我無法拒絕別人的肢體碰觸。	◯	◯	◯	◯	◯
20	離婚後，即便撫養權判給母親，孩子也該從父姓。	◯	◯	◯	◯	◯
21	男女發生爭執時，男方先道歉是有男子氣概的行為。	◯	◯	◯	◯	◯
22	同性戀是社會之惡。	◯	◯	◯	◯	◯
23	無論在家或職場，女性都已經擁有太多發言權。	◯	◯	◯	◯	◯
24	男人在社會上闖蕩，不免要出入聲色場所。	◯	◯	◯	◯	◯
25	青少年談戀愛很危險，父母應嚴加管束。	◯	◯	◯	◯	◯
26	和另一半談「性」是很尷尬、害羞的。	◯	◯	◯	◯	◯

＊本表題目設計參考韓國女性政策研究院的「韓國性別平等意識調查」，以及韓國社會對「性」的傳統觀念。

現在，來計算總分吧！每題分數計算方法如下：

非常同意	同意	中立	不同意	非常不同意
1 分	2 分	3 分	4 分	5 分

將分數加總後，看看你的總分屬於以下哪個區間：

70 分（含）以下	父母需要做更多準備。有關孩子的性教育，父母雖然不需要達到百科全書的程度，但如果你的目標是要將孩子培養成一個具有清晰的性主體意識與性自主權的人，你可能要再多花點時間充實自己，以及思考該如何開始。
71 分到 99 分	你對於「性」的觀念與態度大致上是開放、寬容的，但仍建議你審視自己是否正在以另一套不同的標準對待自己的孩子。
100 分（含）以上	你可以開始和孩子談「性」了！未來也有機會和孩子發展出無話不談的健康關係。你的分數愈高，代表你對於「性」的意識程度愈高。

請不用太在意自己獲得了幾分。因為重要的是，接下來你是否抱持「願意學習」的態度。在展開給孩子的性教育之前，這是最重要的第一步。

你對性別有刻板印象嗎？

無論是否意識得到，人們經常會對男性和女性有差別待遇。

「女孩子家怎麼這麼笨手笨腳？」「這女生真潑辣啊！」「男生膽子那麼小怎麼行？」「男子漢不能哭！」「是男人就應該懂！」……以上這些話都隱含了性別歧視。其實，我們無法清楚定義何為男性特徵、女性特徵，而且一個人也可能同時具備多種特徵。

請試試從下表詞語中，選出你認為符合自己特徵的形容：

強悍
獨立
斯文
嗓門大
穿褲裝
戴眼鏡
騎單車
不多話
有染髮
細心

溫順
灑脫
勇敢
怕生
安靜
愛看書
能做菜
親切
個子小
愛哭

其中有幾個詞語通常被認為是「男性化」或「女性化」特徵。例如，一個很有主見的女生，往往會被說意見太多、太好強、太橫衝直撞；反之，一個很有主見的男生，卻往往被認為有想法、有領導力、很帥氣。而這些不同的看法和反應其實都傳遞出一則訊息——女生就該溫順地遵從他人，男生就該強悍地領導別人。

明明在這世界上，可能有人很勇敢的同時也很愛哭，或是嗓門大卻不多話。一個人也可能同時擁有很多不同的特徵，沒有任何一個詞語可以概括所有男性或所有女性的特徵，因此我們也就無法只用一、兩個詞就定義某個人是男生還是女生，任何一個被區分為「男性化」或「女性化」的特徵，都可能體現在任何人身上。

朝鮮時期的著作《三綱行實圖》記載了女子應有的三項品德：未嫁從父、出嫁從夫、夫死從子。意思是無論在生命的哪個階段，女性都應該順從男性。但我們是活在二十一世紀，不是朝鮮時代。沒有人還在強調女子的三從四德，也沒有人會說「牝雞司晨」這種話。職業沒有男女之分已經是社會常識，社會正在改變，逐漸走向平等。

法國哲學家西蒙・波娃（Simone de Beauvoir）在著作《第二性》（Le Deuxième Sexe, 1949）寫道，「女人並非天生命定，而是後天塑造出來的」。我希望當你閱讀到這裡，能再次思考「男性化」、「女性化」這類用詞。因為這些用詞會導致孩子不敢隨心所欲地生活，以及為自己做決定。

請各位父母先檢視自己，看看自己究竟抱有多少會對孩子的生命設下限制的性別刻板印象。

要先接受性教育的是父母

很多父母都覺得，要自在、坦然地談「性」以及思考與性有關的一切，是非常困難的。即便是和孩子相處融洽的父母，也不太敢和孩子談「性」。因為很多父母小時候也沒接受過全面的性教育，就這樣長大成人了，因此對於如何給予孩子性教育，以及如何對孩子開口、講什麼、怎麼講，根本毫無頭緒。

「性」＝與性有關的一切

之所以很多人認為「性」等於性愛（sex），是因為他們從來沒有機會全面理解「性」。拿我自己來說，我小時候接觸的性教育，就只是觀賞過一部「勸人不可墮胎」的影片而已。

很多人從小到大在家、學校或任何地方，都沒什麼機會接受全面的性教育，就這樣長大成人、為人父母了。如今面對下一代，我們應該提供適當且足夠的性教育、解答孩子對「性」的疑問，幫助孩子養成健康的性觀念。

如果認為「性」只是性愛（sex），等於是只從性器的角度看待男女。然而，「性」並不只是性行為，還涵蓋了與性有關的一切（sexuality），包含了生活中經常面臨到的各種狀況與概念。其中，「關係」是最重要的一個層面，例如：何時、何地、與誰建立關係。而建立關係的當下，參與者有何感受，是你情我願還是強行逼迫，會形塑出「性」的各種不同形式和面貌。例如：避孕、預產期、性幻想、性暴力、同性戀等各種議題，都包含在「性」這個廣泛的概念裡。

對孩子說話進行胎教、孩子出生、孩子從某天開始不再包尿布、不用人陪就能自己上廁所、對男生女生的身體感到好奇、童言童語地說想和爸爸或媽媽結婚、長大後開始為了人際關係和夢想而煩惱……這些都是生活中和「性」有關的議題。

父母應該慣於對生活中無所不在的「性」感到坦然、愉悅和幸福，並且引導孩子、幫助孩子安全地認識「性」的各個面向。父母愈是自然地將性教育融入日常，孩子就愈安全。父母和孩子間應該能坦然地談「性」，並且開誠布公地讓孩子知道他的身體未來會產生的變化，以及身體的各項功能。

父母都知道性教育的重要，也希望能坦然地和孩子談「性」，卻會在聽到孩子講出某些詞語時感到尷尬甚至不悅。在發現孩子觀看性愛影像或自慰時予以斥責，煩惱孩子觀察性器是否有問題，或者不願面對現實，認為自己的孩子不會對「性」有這樣的興趣。

孩子觀看性愛影像、自慰、觀察性器，就代表孩子有問題嗎？

不，孩子完全沒有問題。父母將沒有問題的孩子視為有問題，才是問題。這樣的父母，正需要接受性教育。

當今社會裡，「性」大量地被商品化，大眾對「性教育」卻缺乏足夠的共識。「性別平等和家庭部」選定的「這就是我」系列童書，有助於讓孩童擁抱多元、養成性別敏感度（gender sensitivity），很適合作為性教育教材，卻總有人擔心孩子會因此性早熟而反對。**問題是，孩子不會等到大人都準備好才長大，若孩子的性教育一再延後，孩子可能在那段期間就先接觸到「性」的錯誤知識和觀念。**並不是只有大人才接觸得到「性」，要讓孩子養成正確性觀念與態度，就必須能不受年齡拘束、自由自在地一起談「性」。

「性」存在正、反兩面。遺憾的是，許多人對「性」只是一味反對，認為對「性」感興趣的人都有罪。在這樣的社會風氣下，「性」很容易變成人人羞於啟齒、不願開口談論的話題。

身為父母，必須先肯定人類的「性」是美好的一種特質，先養成良好的性觀念與態度，才能正確傳達給孩子，孩子也才有機會感受到「性」的自然與美好。

能對孩子進行性教育的人很多，但父母是孩子最早的學習對象，也是最了解孩子成長狀況的人，因此可以依據孩子的不同成長階段提供性教育。這就是為什麼孩子接受性教育前，父母必須先接受全面的性教育。

父母對「性」的態度很重要

所謂「性教育」不單是學習性知識，更是態度的教育。父母不能只是講解性知識，更要幫助孩子養成正確的性觀念與態度。父母對「性」抱持什麼樣的態度，會影響孩子對「性」的認知。

孩子對事物感到好奇時，通常會先向父母提出疑問。這時，父母的態度很重要。孩子提出關於「性」的疑問時，父母如果表現出負面的態度，孩子很容易會認為「原來這種事不該問」、「對性感到好奇是不好的事」，因而產生錯誤認知。

因為孩子多半是與父母長期相處在一起，若孩子對身體的某個部位感到好奇，指著問：「那是什麼？」父母對這類疑問往往會不知所措，或不知該怎麼回答。**其實那都是很單純的疑問，就像平常對孩子介紹車子、說明食物那樣，用自然的態度和語氣回答、簡單說明就好。**如果不知道答案，也可以誠實地告訴孩子自己不知道，但會陪他一起尋找答案。重要的是父母的態度，不要因為怕尷尬，就忽視或迴避孩子的疑問。

人對於「性」的好奇是不受年齡或性別限制的。孩子和大人一樣也是有性生物，會對「性」感興趣、對性器好奇或出現自慰行為。父母應該自我審視，是否將孩子視為不成熟的人，或者不認為孩子也「有性」。

每個孩子對「性」的興趣可能不太一樣，因為每個人都有不同的身分、個性、情感和慾望。所以不同的孩子對「性」的疑問、好奇和答案也可能不同。

人是社會性的動物，應該學習並掌握社會規範，懂得尊重和同理他人，孩子也不例外。所以，父母應該不厭其煩地向孩子說明，讓孩子明白社會規範的道理。例如要向孩子說明「為什麼不能摸媽媽的胸部」時，讓孩子知道「雖然媽媽很愛你，但這樣做是不恰當的」。

父母不要只是告訴孩子「不行」，而是要進一步說明「為什麼不行」，讓孩子理解原因並接受規範。過程中，孩子可能會傷心或失望。但即便孩子無法很快就理解、且反覆地提出問題，父母也應該採取一貫的態度，因為孩子會觀察父母的態度，來認識何謂人與人之間適當的關係和距離，進而懂得社會規範。

父母也應該注意自己是否有過「性」相關的錯誤行為或態度。有些父母在看見孩子做出某些行為後，會擔心地想：「別人家的小孩好像都不會這樣，為什麼只有我們家的小孩會？」

曾經有個中學生來向我諮詢，說他「自慰次數變多了，該怎麼辦」？孩子表示，他每次自慰時都會想起媽媽，感到非常內疚。然而我在和孩子談話過程中得知一個意想不到的狀況——孩子的媽媽洗完澡後會光著身子從浴室裡走出來，在客廳走來走去。孩子多次看見這樣的景象，便將媽媽當成了性幻想的對象，而且必須克制自己想觸摸媽媽身體的那股衝動，感到痛苦不已。所以父母不能只是怪罪孩子，應該先審視自己的行為或態度是否不當。

性教育是生活教育

父母對「性」的態度，會影響孩子對「性」的態度，所以父母應該先審視自己對「性」的認知和態度，並改掉不當的部分。性教育不是短跑，而是一場馬拉松，由父母擔任配速員陪著孩子一步一步跑下去是很重要的。

孩子會透過原生家庭學習到性別角色的觀念，可說是孩子對「性」的認知基礎。美國心理學家班杜拉（Albert Bandura）的社會學習理論（Social Learning Theory）認為，孩子會透過所處的環境、觀察別人的行為表現來學習性別角色的觀念。如果希望孩子長大後能懂得愛自己和尊重他人，父母首先應該向孩子展現出正確的性別角色觀念，以及充滿愛與尊重的夫妻關係。

你曾經問過孩子「什麼是『性』」嗎？如果孩子給予正面回應，代表孩子很正面地看待「性」；如果孩子給予了負面回應，代表孩子很負面地看待「性」。各位父母可以試著確認一下孩子對「性」的認知。

確認完之後，父母要先好好學習、認識「性」，接著才能一步步引導孩子，讓孩子懂得享受「性」帶來的幸福和快樂，也要懂得為自己的選擇負責。為此，有一個能讓父母和孩子自由談論「性」的環境是很重要的。

POINT

「性」這個概念不只是性行為（sex），而是涵蓋了與性有關的一切（sexuality）。

父母活出自己，孩子才懂得活出自己

如果希望孩子幸福、成為自己生命的主人，父母也應該先活出自我，因為父母的幸福會傳染給孩子。瑞士心理學家榮格（Carl Gustav Jung）曾說：「父母沒有活出自己想要的生活時，在心理層面上受最大影響的是孩子。」孩子看見父母活出自己，才會懂得要活出自己。

假設現在要請你自我介紹。很多父母比起介紹自己的姓名、個性或喜好，更常會先說自己是〇〇〇的爸爸或媽媽。因為一旦成為父母，生活中很多事情就會變成以孩子為主，甚至其他人也不再叫你名字了，而是改口叫你「〇〇〇爸爸（媽媽）」。

當然，父母這個角色確實重要，因為父母在孩子生命中佔據了重要地位，也形塑出孩子的生活。但我希望一個人的生命不要只是局限於「父母」的角色，也不要落入「父母就是要為家庭犧牲」的框架。希望每位父母都可以保有自己的個性和慾望，成為自己的主人。

父母都希望孩子能幸福，並且活出自己。即使父母本身很難做到這一點，也會期許孩子至少要做到。正因如此，父母更該努力活出自己，因為父母是孩子生命中很重要的一面鏡子，孩子會觀察父母對待自己以及生活的方式，進而學會如何對待他自己以及他的生活。

孩子能否懂得愛自己、肯定自己，和父母的態度有很大的關係。父母的內心如果富足且充滿幸福，孩子也能感受得到。即便是照顧者，也需要花些時間專注在自己身上。陪伴家人之餘，思考一下自己喜歡什麼、照顧自己的需求。釐清自己想做什麼，並且去實踐，這對自己的幸福是很有幫助的。

有了孩子後，與其事事都以孩子為主，更重要的是自己要活得快樂。孩子在成長過程中，如果看見父母活出自己，未來他會有很高機率也同樣活出自己。孩子一旦懂得活出自己，就不太會委屈自己去成全別人，因為他會懂得珍惜自己以及幸福的可貴。

所以，父母先活出自己、成為自己生命的主人，是很重要的第一步。

性教育，需要每一個照顧者的投入

以前的人普遍認為「照顧孩子」是女人的事，所以性教育也順理成章成為媽媽的責任。但現在時代不同了，沒有誰該、誰不該照顧孩子，家庭文化的塑造是家中每一位成員的責任。如果家庭文化允許每個人自由平等地溝通，孩子在這樣的環境中成長就愈安定。而孩子對「性」有疑問時，無論何時、有什麼疑問，父母都應該是孩子可以詢問的對象。

「照顧孩子是女人的事」這樣的觀念正在改變，現在也能在育兒節目中看到爸爸帶孩子。性教育也是育兒的其中一環，就像家事、育兒要共同分擔，性教育也應該由爸媽共同分擔，爸爸不只是「幫忙」，而是和媽媽有著同樣的責任。

如果希望孩子養成平等、健康的性價值觀，父母雙方——亦即每個照顧者，都要負起性教育的責任，這非常重要。父母也該和孩子保持平等的關係，關心孩子的自主性與情緒穩定性。

美國哈佛大學兒童心理學教授金德倫（Dan Kindlon）在著作《阿爾法女孩》中提出了「阿爾法女孩」（Alpha Girl）概念，指稱活躍、具領導力、高自信且高成就的女性。金德倫更進一步指出，「阿爾法女孩」之所以能誕生的其中一項重要關鍵，是「父親積極參與孩子的照顧」。由此可以看出，父親對於育兒具有相當重要的作用。

美國兒科醫學博士暨育兒教養專家米克（Meg Meeker）則在著作《如何教出優異的兒子》（Lessons Mothers Need to Raise Extraordinary Men）裡指出，如果少了母親的愛，兒子是無法真正活得幸福的。而且反社會人格雖有一部分來自基因，但兒子如果缺乏與母親的連結，很容易引發反社會人格。由此可見，母親的角色對兒子而言也很重要。

由母親進行性教育的話，能夠從女性的角度出發，詳細說明女性的身體與心理狀況；父親進行性教育時，則能從男性角度出發，詳細說明男性的身體與心理狀況。無論是兒子或女兒，父母都提供性教育，會比只有其中一方投入能帶來更好的效果。

孩子的成長需要父母同樣多的關注。過去一直認為「性教育是媽媽的責任」、「孩子的事交給老婆就好」的爸爸們，請和媽媽一起負起孩子的性教育責任吧！家裡的其他成員、家庭以外的學校人員也應該一起加入！因為性教育需要每一個照顧者的投入。

如果光以性別區分，把兒子的性教育交給爸爸、女兒的性教育交給媽媽，也不是正確的做法。雖然同性照顧者在某些部分確實能說明得更清楚，但異性照顧者有助孩子發展出對異性更廣泛的認識。

性教育沒必要區分「給兒子的性教育」或「給女兒的性教育」，因為對「性」的價值觀和態度不該有性別差異。無論是在何地、對象是誰，性教育都應該是平等的，並且起碼要知道男女之間的不同，以及懂得思考個體之間的差異。希望所有家長、師長無論是何性別，未來都能一起承擔起孩子的性教育責任。

孩子和大人一樣也「有性」

孩子和大人一樣，也「有性」。這世上，每一個人都是因為「有性」得以存在。但是很多時候，人們不覺得孩子和大人一樣也「有性」，或認為孩子在性方面還不成熟、無法作出正確判斷，因此不願意和孩子談「性」。

有一位媽媽來向我諮詢：「五歲的孩子經常觸摸自己的性器，該怎麼辦？」他反覆表示「我們家老大都不會這樣」、「小孩子這樣是不是性早熟」，很多父母觀察到孩子對「性」展現興趣時，都會擔心孩子是否異於常人或性早熟。

請先試著思考一下：五歲孩子觸摸自己的性器就是不好，長大的成人觸摸自己的性器就沒問題嗎？有問題、沒問題的標準為何？是年紀還是性別？

其實所謂的標準，根本就不存在。每一個人都是有性慾的有性生物。孩子也和大人一樣，會對「性」感到好奇，也會做出相關行為或提出相關疑問。

很多父母習慣負面看待孩子做出有關「性」的行為，甚至嚴加管束。他們往往認為孩子年紀還小、是「無性」的，其實不然。對「性」好奇是人類發展過程中很自然的一環，父母不應因為孩子歷經這樣的過程就予以責備，而是應該配合孩子的發展程度，滿足孩子的好奇心並予以解惑。希望各位父母對於孩子做出有關「性」的行為時，可以把它視為「擅於表達與抒發自己的慾望」。

如今，兒童的身體發育、性發育都比以前快得多，接觸性知識的時機點也早了很多。在這種大幅轉變的情況下，大人看待「兒童的性」的態度卻依然止步不前。隨著兒童接觸到的性刺激變多了，父母也應該開始理解、並認同孩子是「有性」的。

千萬不要忽略一個事實——每個孩子都可能做出與「性」有關的行為。人類並不是小時候「無性」、長大才變「有性」，而是從出生那一刻起就是「有性」生物。所以孩子對「性」好奇是很自然的現象，請爸爸媽媽務必要尊重、正視「兒童的性」。

各位也沒有必要堅持讓孩子的性教育有完美的開始，重要的是有勇氣去實踐。沒有接觸過全面性教育的父母，要和對「性」日益好奇的孩子談「性」，當然不簡單。一開始可能會覺得很尷尬，但只要試著將「性」當作日常的一部分，久而久之，父母和孩子都會認為「性」是很自然的一件事。

這世上並不存在完美的人，也不存在完美的父母，你不必成為完美的父母。人與人之間，總要留有一些距離，才有機會向彼此靠近。孩子如果問了你回答不出來的問題，可以誠實告訴他：「媽媽（爸爸）也有很多事情是不知道的，不可能樣樣都懂，但只要你想知道，媽媽（爸爸）都會去找答案再跟你說。什麼事你都可以問我唷！」「什麼事都可以問」這句話，影響力比你想像得還要大很多喔。

芬蘭是未成年懷孕率最低的國家之一，自一九七〇年起就將性教育納入義務教育。目前，芬蘭教育部指定以兒少精神科醫師卡恰托雷（Raisa Cacciatore）的《愛、喜悅與勇氣》（Rakkaus, ilo, rohkeus - Seksuaalisuuden portaat）一書作為性教育指南，提供系統性的教學，七到十五歲主要談避孕，十六到十八歲則主要談性少數族群的權利等多元性別議題。

性教育的目的不僅是為了增加性知識，更是培養孩子愛自己、珍惜自己的能力，以及同理、尊重他人的能力，這也等於是在學習人際關係。而且性教育也能幫助孩子學會明智地應對未來可能發生的「性」相關議題與事件。

性教育將成為孩子生命中的一座燈塔。雖然人們常認為是燈塔在指引船隻的航行，但事實上，是船隻依據燈塔來決定前行的方向。請父母務必幫助孩子學會在黑暗又危險的大海中依據燈塔，找到出路。

POINT

性教育是為了培養孩子愛自己、珍惜自己，以及同理他人、尊重他人的能力。這也是我們一生的課題。

性教育，從懷孕就開始了

性教育並不是父母在某一天突然覺得「時候到了」、下定決心才開始的，其實從懷孕就可以開始了！懷孕意味著孩子生命的開始，即便肚子裡的孩子還無法理解，父母也該從意識到孩子存在的那一刻起，就展開給孩子的性教育，並且持續下去。

性教育推廣組織「Aoosung」創辦人具聖愛等多名性教育專家也認為，應該從孩子出生那一刻起就展開給孩子的性教育。因為性教育就是生活教育，而生活的教育並非要等到孩子出生後才有辦法開始，只要孩子存在於媽媽肚子裡就可以開始了。

通常一對夫妻得知懷孕後，第一件會做的事是什麼？多半是煩惱要替孩子取什麼名字吧！替孩子取名、查找懷孕相關書籍，都是準備為人父母的第一步，也就是屬於孩子的性教育的一部分了。得知懷孕，就意味著自己即將成為父母、迎來許多變化。即便只是意識到孩子的存在，性教育也從那一刻開始萌芽。

我懷孕時，常對肚子裡的孩子說話：「今天的雲很多耶！」「媽媽上班的地方對你來說可能會有點吵，別嚇到喔！」「剛剛你踢媽媽的肚子，看來，你正在健康地長大呀！」每天我都會跟孩子說說話，通常是告訴孩子我看見什麼風景，或者我所處的環境或狀況，有時候也會讀英文書給孩子聽。就算孩子還無法具體地理解，還是能與父母之間有所感應、交流。

給孩子的性教育，也要像這樣自然地融入生活中。無論是還在懷孕或孩子已經出生，給孩子的性教育都是愈早準備、愈早開始愈好。如果孩子的年紀已經不小，就要配合孩子的成長狀況、慢慢加入到生活當中。此時此刻，永遠是最快、最好的時機。

性教育應該從孩子有生命的那一刻起就展開，因為孩子和照顧者共處的每一刻，以及在生活中經歷、談論到的一切，都是性教育的一環。性教育是人一生的課題，也是應該不斷對話和探討的議題。

孩子對「性」的好奇通常始於三歲前後，相當於佛洛伊德「性心理發展階段理論」的性器期，對「性」與「性器」開始好奇。但我總是建議父母，從胎教時就開始練習和展開給孩子的性教育，當作是在打基礎，因為孩子出生之後，性教育就沒有停止的一天。

第二章

性教育，教你尊重人權的態度教育

學習尊重「有性」的獨立個體

人與人之間互相尊重，是「關係」的重要基礎。就算彼此意見不同，也要懂得尊重。性教育最重要的原則也一樣是「互相尊重」──想受人尊重，就要先懂得尊重他人。**性教育，就是學會尊重每個人都是一個「有性」的獨立個體。**

每個人都有權利活出自己想要的幸福，是無論性別、膚色、身心障礙與否，都擁有的基本人權。而每個人的人權，尤其是性方面的人權，都應該受到保障。由於每個人選擇的生活方式不太一樣，而性教育，就是在教我們認識每個人的「性」，並且理解、保護每個人的尊嚴，這一點是非常重要的。**性教育是生活教育，也是人權教育。**

某一次性教育講座中，有一名男性聽眾表示，他深夜獨自走在路上時，有個狀況讓他很煩惱。他只是走自己要走的路，走在前面的女子卻誤會他，一直偷瞄他、讓他很不舒服。確實，這種情況是有可能發生的。但要是遇到這種情況，何不試試「距離上的尊重」呢？

女性作為相對於男性的弱者，如果意識到有一名男子在自己身後走走停停，心中可能會升起一股莫名的恐懼。雖然就男性角度而言可能是無辜的，因而感到不舒服，但也可以換個角度理解女性的擔憂。男性只要在距離上給予女性尊重，彼此都會覺得更安全，也能免除一些不必要的恐懼。

學校的運動會通常都會有「賽跑」項目，但如果有坐輪椅的身障學生參加，可想而知，這位學生肯定會墊底。然而卻有一群學生決定牽著身障同學的手，一起越過終點線。

這是龍仁市薺日小學在二〇一四年真實發生的事。有一群學生得知身障同學每年賽跑都墊底，內心很受傷，便決定牽著身障同學的手一起越過終點線、拿下第一。那些孩子就很懂得尊重與同理別人的心情。

性教育，是人權的教育，要學會尊重每個人都是一個「有性」的獨立個體。這樣的態度和認知並不會天生就有，而是必須從小、循序漸進地教導孩子。很多父母都希望可以為孩子提供不同領域、學科的受教機會，像是去學外語、數學、程式語言、鋼琴、芭蕾、跆拳道、繪畫等。這些領域的學習固然重要，但在這之前，更重要的是從小就教導孩子性教育，因為孩子在學會那些學科前，必須先懂得尊重他人，以及養成正確的性觀念與態度。

性教育並不只是從生物學角度切入而已，更重要的是學會尊重每一個「有性」的人，懂得拿捏關係。請各位父母從「尊重人權」的角度著手，展開給孩子的性教育吧！孩子如果從小就懂得尊重人權，不僅會尊重自己是一個具有人權的獨立個體，也會肯定自己存在的價值。

性別平等，性教育的重要關鍵字

我們的社會經常認為長直髮、瘦高、皮膚白的女性很有吸引力，男性則要體格精壯、肩膀寬、有腹肌。然而，這些只是身體上的特徵。如果希望孩子養成性別平等意識，各位父母就必須以身作則，因為性別平等意識和平衡的觀點，始於家庭的性教育。

「性別平等」是二〇二〇年東京奧運的關鍵字之一，女性運動員佔比達四十八．五％，被譽為「首屆性別平等奧運」。一八九六年，第一屆奧運在雅典舉辦，只有男性運動員可以參加；一九〇〇年，第二屆奧運在巴黎舉辦，首度開放女性運動員參加，但總共九百九十七名的參賽選手之中只有二十二名是女性。到了二〇一六年里約奧運，女性選手的佔比達四十五％；二〇二〇年東京奧運，則是史上女性選手佔比最高的一屆奧運，並開放跨性別運動員參賽，更新設多個男女混合項目。

二〇二〇年東京奧運，韓國隊獲得的第一面金牌，來自有女性運動員安山參賽的混合團體射箭項目。過往的奧運賽事多為男女分開競賽，如今有逐漸減少的趨勢，二〇二〇年東京奧運更新設了許多提倡性別平等的項目：田徑、游泳、鐵人三項的男女混合接力，桌球的男女混雙，柔道、射箭的混合團體等，顯示社會正逐漸邁向性別平等。

不過，二〇二〇年東京奧運依然存在一些性別歧視。女性運動員的服裝規定即為其一，例如在沙灘排球項目中，女性運動員穿比基尼、男性運動員穿短褲的規定引起了爭議；羽毛球項目如今雖然已不存在帶有性別歧視的服裝規定，但過去曾要求女性運動員穿迷你裙。這些規則不僅不平等，更隱含了性別歧視。我們應該允許運動員依據自己的特點，自由地選穿服裝，以便發揮他最好的實力。

當時有些人對安山選手的短髮有所非議，批評他乾淨俐落的短髮代表「女權主義」和「仇男」，甚至向青瓦臺請願，要求安山繳回金牌，在在顯露出性別歧視，甚至被外媒評為「網路霸凌」。由此可見，我們的社會依舊缺乏性別敏感度。

學會辨識生活中的性別歧視

我在幼稚園的烹飪課擔任志工時，觀察到兒童之間也有性別歧視的觀念。在幫孩子穿圍裙和戴頭巾時，很多孩子會脫口而出：「圍裙是媽媽在穿的！」「媽媽要負責煮飯！」「這不是女生要做的事情嗎？」從孩子的童言童語之中，就可以窺見整個社會普遍的性價值觀。

雖然這些只是對「性」的刻板印象，卻深入日常生活中，隨著時間拉長而根深蒂固，為社會帶來極大的副作用。而且承襲自父母的刻板印象很不容易被改變，這就是為什麼，父母對於「性」的態度非常重要。

你可以先思考一下，你對自己的感受有多誠實？是否隱含了性別刻板印象？你是否曾用不同的方式對待正在哭的男孩和女孩？我們的社會比較容忍女生哭，對男生則認為「男兒有淚不輕彈」。男生從小就被教育不要輕易顯露脆弱，可是，眼淚是人類表達情感的方式之一，而且表達自己的感受是很自然的事，沒有什麼事情是男生必須忍受，或女生一定要接受的，也沒有所謂「男孩子氣」或「女孩子氣」的行為。

男性並不比女性優越，女性也不比男性優越，人們常常會說「以女生來講做得很好」、「比一般的男生還要好」、「看起來不像女生」。究竟何謂「一般的男生／女生」？其實，每個人都是不一樣的個體，擁有多元的性格是很正常、也很健康的現象。能夠將某件事做好，不是因為他是男生或女生的關係。

「女孩子怎麼這麼笨手笨腳！」「有點女生樣子好不好？」「你一個男生，話怎麼那麼多？」「男生這麼膽小怎麼行？」「你是男生耶，連這都不會？」……這些話，都是以不同的態度差別對待男性和女性的例子，等於是依據對方的性別，抱有不同的期待和標準。孩子如果從父母那裡聽到這些話，很可能會不斷去迎合社會對不同性別的期待，進而發展出性別歧視的觀念。

很多話都可能在不知不覺中發生性別歧視。例如「男生有小雞雞，女生沒有」這種表達方式，其實並不恰當。事實上，男生「有」陰莖和睪丸，女生「有」大陰唇和小陰唇，不應該以「沒有」的角度來闡釋。無論男性或女性都是有性器官的，要尊重每一個人，建立「無論是何性別，人人平等」的觀念。

首爾女性與家庭基金會自二〇一八年起，每年都會在性別平等週（九月一日至七日）發行《性別平等語言辭典》。發行的立意是希望將社會大眾在無意間慣用的性別歧視用語，導向性別平等的用語。由於是公民直接參與、提議和推動，更加意義非凡。希望未來大家都能多多參考這樣的資源，應用在生活中。

如果希望孩子免於受到性別刻板印象的束縛，應該從家裡開始教育。孩子要是從小被困在特定框架裡，長大後就可能以錯誤的觀念和態度，傷害自己或他人。

每個人生而不同——不同的姓名、出生地、成長經歷，甚至膚色、語言。這些，都是「差異」。要理解他人的第一步，就是先認可這樣的「差異」。但有時候人們會因為對方有著和自己不同的膚色、種族或性別認同，就理所當然地產生偏見或差別待遇。一旦打著「差異」的名號做出差別待遇，就會變成「歧視」。

所謂「性別平等」，並不是指「要給每個人同樣的機會」或「要和每個人一比一平分」，更不是「性別間不存在任何差異」。差異絕對是存在的，但如果以差異為由而差別對待，就是不對的。「性別平等」要強調的是，每個人都享有同等的權利，有權利在社會裡一起生活。

性教育裡，「平等」的觀念非常基本，而為了提升個人與社會安全，「平等」的觀念也非常重要。孩子如果生活在性別歧視的環境裡，主體性會被剝奪，甚至可能產生暴力傾向。父母都該反思自己的言行是否帶有性別歧視。

依據性別的不同而有差別待遇是不對的，我們應該尊重每個人不同的生活方式、傾向和喜好，也應該肯定每個人都是平等的。性別歧視就像是以扭曲、偏差的有色眼鏡來看待這個世界。從今天起，讓我們都以性別平等的角度來看待這個世界吧！

《性別平等語言辭典》節錄

原有用詞	更新用詞	更新原因
女醫師、女演員、女員工 等；女子高中。	醫師、演員、員工等；高中。	移除冠在職稱前的「女」字；我們不會說「男子高中」，同理，也不該說「女子高中」。
處女作、處女秀	首部作品、初次登場	形容「第一次」，不再用「處女」這個詞，而是說「首次」。
乳母車	嬰兒車	育兒並非限於「母」，將重點放回「嬰兒」。
低生育率	低出生率	不指責女性「生育得少」，僅客觀描述孩子「出生得少」。
未婚	不婚	不是「未能結婚」，而是「選擇不結婚」。
子宮	胞宮	不強調男性的「兒子」，而是指稱為「孕育細胞」之處。
媽咪候車室、媽咪論壇	親子候車室、育兒論壇	將重點放回真正的使用者，以及真正的主題「育兒」。
哺乳室	育嬰室	免除男性的顧忌，無論男女都能夠在此照顧嬰兒。
流產	終止妊娠	強調是女性於懷孕過程中主動做出的選擇。
孝子商品（指大賣、很賺錢的商品）	人氣商品	不以男性的「孝子」為比喻，而是客觀形容「很有人氣」。
外祖母	（居住地名）的祖母（例：全州的祖母、安東的祖母）	不再劃分內、外，改用居住地客觀稱呼。

＊資料來源：首爾女性與家庭基金會

打造無刻板印象的家庭環境

每一個「我」無論是何性別，最重要的都在於其「本質」。如果你希望孩子感受到自己無論是男是女、其作為一個人的價值都是被尊重的，就應該打造一個沒有性別刻板印象的家庭環境。

我們的社會經常依照孩子的性別來區分各種情況。例如，玩具賣場會分別設立男孩、女孩區，或者設定男孩或女孩的玩具，只有某些特定顏色。

女孩被引導要玩扮家家酒，男孩被引導要玩機器人或玩具汽車；女孩的衣服常是粉紅色，男孩的則常是天藍色，孩子接觸大人製造、販售的這些玩具、在被區分的環境中成長，性價值觀就會固定下來，並且逐漸接受相關的性別刻板印象。

二〇一九年，平等措施二〇三〇（Equal Measures 2030）發布的《永續發展性別指標（SDG Gender Index）》報告指出，全球一百二十九個國家中，最接近性別平等的國家前三名依序為丹麥、芬蘭、瑞典。瑞典有一間名為「平等（Egalia）」的幼稚園，他們不讓孩子讀《灰姑娘》、《白雪公主》那類描述漂亮女孩遇見英俊王子，從此過上幸福快樂生活的童話故事，而是讓孩子接觸描繪多元家庭樣貌的各種故事。例如，一對沒有生孩子的長頸鹿領養了一隻被遺棄的鱷魚，以及各類單親家庭、同性伴侶家庭等主題的讀物。

孩子接觸性別中立的故事書，長大後自然就懂得尊重多元，尊重與自己不一樣的人及生活方式。這不僅是為了性別教育，如果孩子能看見更多元的可能性，他也會更勇於追求自己想要的生活。所以，建議各位爸媽檢查一下你給孩子看的是什麼內容的故事書，因為書裡的故事很可能會讓你的孩子被困在性別刻板印象的框架之中。

現在的孩子開始談戀愛的年紀比以前的孩子還要更早，社會風氣和文化卻似乎沒有太大變化。我們依然經常可以看到，「女生就該打扮得美美的，接受男生精心準備的禮物和驚喜」這種固定模式。

逢年過節時，一樣充斥各種隱含性別歧視的現象。例如，現在還是有很多家庭負責做飯、上菜、洗碗的都是女性，許多女性依然為年節後遺症所苦。每到要返鄉過節時，也經常是先拜訪男方父母，然後才是女方父母。

但無論什麼事，都不該理所當然地視為某個性別的責任，應該由所有人共同承擔。沒有什麼角色是只有女性或男性才能勝任的，也沒有哪一種特質或能力是只有某個性別才適合。我們要做的是不被任何框架困住，並且活出自己，這樣才能活得自由自在。

父母要幫助孩子養成無畏性別限制、勇於挑戰任何事的勇氣，也應該肯定孩子的天性和本有的樣子，讓孩子發揮他的能力和優勢，那就是最自然、最有魅力的。

依據性別來規範一個人的言行和界定一個人的角色，都會造成沉重的壓力。請不要讓你的孩子背負「女生不適合做這個！」「男生不適合做那個！」這種重擔，請展現你的支持，鼓勵孩子：「你做得到！」與其給孩子負擔，不如為孩子帶來力量。希望各位爸媽不要以性別界定孩子，尊重孩子原本的樣貌，打造出沒有性別刻板印象的家庭環境。

要幫孩子帶的便當、孩子在學校要用的東西，以前也許是由媽媽一手包辦，現在可以爸媽一起出門採購、為孩子備妥；學校舉辦的家長會，過往如果都是媽媽負責參加，現在可以改成爸媽一起參加，或者爸爸去參加也沒關係；孩子能否擁有一個沒有性別刻板印象的家庭環境，端賴父母以身作則。

慶祝交往或結婚紀念日時，可以從「女生打扮得美美的，接受男生精心準備的禮物和驚喜」這種單向模式，改成「互相慶祝、互表愛意」的雙向模式；逢年過節，則可以從「女性一手包辦做飯、上菜、洗碗」，變成「男女一起參與所有過程」。

POINT

養成性別平等的意識，不只是為了學會尊重與自己不一樣的人及生活方式，也是為了活出自己。

你的「性別敏感度」夠高嗎？

性別敏感度（gender sensitivity）的概念愈來愈常被提到，但很多人依舊不了解其確切意義。因為我們的社會對性別敏感度的定義，至今仍未達成穩定的共識。法界、學界各有不同的定義和詮釋，缺乏一致的定義。而且性別敏感度的內涵較偏向價值判斷，而非事實導向，很容易出現不同看法。但無論各界下了何種定義，最重要的是檢視並提升每個人的性別敏感度，才能邁向更好的社會。

所謂「性別敏感度」，是指生活中發生歧視或不平等待遇的情況時，我們能不能察覺、意識到是否為性別的因素使然。性別刻板印象對我們平常說話、思考具有很大的影響力。而性別敏感度，就是要檢核人們視為理所當然的觀念中，隱含了多少性別刻板印象。

我們的社會正處於逐漸發展為性別敏感度高的社會轉型期。二〇二一年，現代研究所

（Hyundai Research Institute）對韓國一千兩百零八名公民進行的一項調查結果顯示，四十多歲的選民中，有四十七・六％的人認為「貧富分化」最為嚴重；二十多歲的選民中，有四十二％的人認為「男女分化」最為嚴重。有些男性質疑「同樣身為人，女性卻常常因身為女性而得到比較多善意對待」，女性對此則不解，「女性又沒做傷害人的事，為何要將矛頭指向女性」？

男女立場的不同，導致社會出現了分化。這樣的男女分化，是 #MeToo 運動後的一種過渡現象，而這並不是只為了強調某一性別的利益，而是顯示我們的社會正逐漸發展為「重視人權」的社會。

下一代的社會，性別敏感度會比現在的社會更高，所以父母應該幫助孩子養成敏銳的性別敏感度。要做到這一點，父母應該先提升自己的性別敏感度，檢視自己抱持著哪些性別刻板印象。

有人說，如果有了喜歡的女人，就要持續地試探與追求，認為只要有毅力，終究能夠追到手。但現在這種行為可能被視為糾纏、霸凌、跟蹤或騷擾。

也有人說，男人一生只能落三次淚。但人的一生中，會落淚的時刻不可能只有三次，感到委屈、生離死別、喜極而泣，都是可能迸出眼淚的時刻。你可以想哭就哭，這是很自然的事，毋須感到羞恥。

在填寫各種資料時，你曾留意過「性別」欄位嗎？以前這個欄位只有「男性」、「女性」兩種選項，彷彿這世上不存在任何其他可能。據傳，韓國的跨性別藝人河莉秀身分證的第七位數字如今已改為2，代表「女性」。但在更改成功之前，他的「性別」欄位究竟該怎麼填寫？他當下是什麼感受？而每一次的狀況又是怎麼解決的呢？

近幾年，許多身分證件的性別欄位除了代表「女性」的F和代表「男性」的M，開始新增代表「非二元性別」的X選項。以美國為例，護照、駕照、出生證明文件上都新增了X選項。之所以開始出現這樣的變革，是因為如果只依據性徵來界定一個人的身分認同，很容易造成歧視，而且以往的性別欄位選項，也可能讓某些人感到為難或被排擠。

現在，解說懷孕的過程時也會考量性別敏感度，分別由精子與卵子的角度來解釋。如果從精子的角度解釋，以前會說，是最強壯的精子在競爭中存活到最後，與卵子結合；現在則會說，是從眾多的精子中選出一個要與卵子結合的精子。而如果從卵子的角度解釋，以前會說，是卵子被動地等待精子的到來；現在則會說，是卵子挑選其偏好的精子、與之結合，然後關起門來。

去公廁時，你是如何辨識性別的呢？是尋找文字標示的「男廁」、「女廁」還是尋找圖示？目前大多數公廁都是以圖示、而非文字標示。男廁往往是藍色的人形，女廁則大多是穿著裙裝的紅色人形。很多人都認為這樣的圖示理所當然。可是，女性不見得一定要穿裙子，也不是非要用藍色代表男性、紅色代表女性。因此，有愈來愈多公廁圖示開始體現出性別敏感度。

下頁的圖示和一般常見的公廁圖示很不一樣，不是過往常用來標示男女的顏色和人形進行區分，而是用相同的顏色放在不同位置進行區分。但也有人說，這樣的圖示設計讓人難以辨

體現性別敏感度的公廁圖示。

識，使用上很不方便。

會有這樣的意見也情有可原。**但重要的是，這會刺激我們開始思考過去視為理所當然的顏色與圖示設計。所謂「敏感度」，即是開始思考、檢視那些「理所當然」。**雖然現在可能覺得這樣的設計不太方便，但這些改變一點一滴累積起來，我們的社會就有機會變得更重視人權、更加平等。比起一時的方便，讓人與人之間變得更平等、邁向共好，意義更為重大。這樣的變革未來也會持續發生，而這些正向的變革，將構築出下一代的社會樣貌。

我們必須培養出更高的性別敏感度，如今也是時候做出改變了。請各位爸媽檢視自己的性別敏感度，找出問題所在，做出改變吧！

不同以往的是，愈來愈多人開始懂得確認自己的言行是否隱含性別歧視，並開始意識到，評論女性的外貌、不允許男性表達內心情感、歧視身心障礙者或性少數族群等，都是不恰當的。任何人都不該因為自身的性別或身心障礙特點而受到歧視與差別待遇。

每個人都有一套自己的價值觀，但其中若隱含歧視，可能會傷害到別人，或反過來被別人傷害。無論擁有什麼樣的身體條件或性別認同，每個人都有權利健健康康、不受歧視地在社會上和所有人共同生活。只要培養出夠高的敏感度，就能理解他人無法理解的，甚至覺察他人的痛苦或悲傷。

要提升性別敏感度，就必須改變以往認為理所當然的那些觀點與思維，並予以拓展。一旦缺乏性別敏感度，就不可能懂得尊重他人。性別敏感度的培養必須從家庭做起。請各位爸媽引導你的孩子，幫助他成為一個具有足夠性別敏感度的大人。

POINT

性別敏感度，是要檢視人們視為理所當然的觀念之中，隱含了多少性別刻板印象，與性別刻板印象所造成的影響息息相關。

你對少數族群有偏見嗎？

你是否只以自己的標準看待他人？

這世上有多少人，就有多少種不一樣的身分認同。我們必須懂得以開放的心態與別人相處，不能因為別人與自己不一樣，就歧視他或產生偏見。我們應該尊重每個人獨一無二的身分認同。

對性少數者的偏見

我們的社會目前仍習慣區分「主流」與「非主流」，並且歧視「非主流」。對性少數族群與身心障礙者的偏見即為一例。

你知道嗎？人類的胚胎無論男女，前七週的外觀都是一樣的，性器尚未分化，七週後才會逐漸發展為男性或女性。

通常，性別是依據性徵劃分的，然而並不是每個人都能依據性徵而劃分為男性或女性。雙性（intersex）指的是性徵不符合典型雄性或雌性的生物體。根據聯合國統計，雙性人約佔全球人口的一．七％。

雙性人的存在，代表這世上有一些人出生後仍同時具有兩性的性徵，在「男性」、「女性」這兩種性別認同之外，還存在其他可能。無論是什麼樣的性別認同，每個人生來就有權利做自己。無論你是男性、女性、雙性人、同性戀或身心障礙者，每個人的人權都該受到尊重與保障。

在異性戀為主的社會裡，人們普遍認為異性戀才是主流，只有異性間的愛才是正常，同性之間應該只存在友情。

也有些父母擔心一旦承認了同性戀，同性戀者的數量就會變多，甚至自己的孩子也可能變成同性戀。這種觀念完全不正確。孩子並不會因為看見同性戀者就變成同性戀。倘若孩子因為經常在媒體上看見同性戀者就變成同性戀的話，那電影中經常出現的反派壞蛋又該怎麼說呢？反派出場的次數比同性戀者出場的次數還要多上許多，但你不會因為看了反派角色就變成壞人。

某個育兒論壇上，曾有人發文攻擊公開出櫃的韓國藝人洪錫天，指責同性戀者是變態，對同性戀者的存在不予認同。很多人開始在該篇貼文下方留言反駁，表示人人皆有尊嚴，若因為對方是同性戀就憎惡對方，是很不恰當的。面對意想不到的諸多反彈，發文者最終發表了一篇文章向大眾道歉。由此可見，社會風氣已經和以前很不一樣了。

韓國保健社會研究院在二〇一九年發表的《國人對於少數族群的認知研究》顯示，透過媒體而間接接觸到性少數族群時，對其偏見會比較多；反之，直接面對面接觸性少數族群時，對其偏見會比較少。之所以會出現這種現象，是因為性少數族群在媒體上經常被刻畫為是病態的。

美國生物學家金賽（Alfred Kinsey）一九四八年的著作《人類男性的性行為》（Sexual Behavior in the Human Male）是目前紀錄上最早調查過同性戀者佔比的研究。金賽指出，美國有十三%的男性與七%的女性為同性戀。如果也計入雙性人、跨性別者等的話，性少數族群佔比會更高。這些數據雖然不見得能套用到所有國家，卻說明了這世上有不少人都為自己的性傾向而苦惱著。

你並不是因為「決定成為異性戀」而變成異性戀的，同理，也不會有人是因為「想要成為同性戀」而變成同性戀。性傾向不是一個人想要改變、決定改變，就能夠改變的。有人以為同性戀者是「決定成為同性戀」而變成同性戀，事實上並非如此。一個人的性別認同不是像逛街購物、選自己喜歡的衣服一樣能夠由自己決定。許多科學家指出，正如同體型、髮色一樣，一個人的性別認同也會受先天因素影響。腦科學家則進一步指出，同性戀、雙性戀並非疾病、障礙或缺陷，而是複雜的大腦機制使然。

《金賽報告》（Kinsey Reports，由一九四八年出版的《人類男性的性行為》與一九五三年出版的《人類女性的性行為》組成的人類性學研究）發表後，一九七三年，美國精神醫學學會（APA）決議將同性戀從精神疾病診斷與統計手冊（DSM）中除名，並認定同性戀為人類的性傾向之一，等於從醫學角度明確宣告「同性戀不是病」。現代醫學中，腦科學家也表示，同性戀是人類的性具有的特徵之一，並不是需要被治療的對象。

美國民調機構皮尤研究中心（Pew Research Center）二〇一五年的調查指出，有四十七%的美國人認為同性戀、雙性戀等性傾向為與生俱來、而非後天選擇。韓國女性政策研究院（Korean Women's Development Institute）二〇二〇年進行的「第二十一屆國會，人民期望的性別平等立法要點」調查則指出，有八十七．七%的受訪者認為國會應該立法禁止針對性別、性傾向、身心障礙、種族等各類型的歧視。

無論同性戀還是雙性戀，都和異性戀一樣，是愛的其中一種形式，以及生命運作的其中一種方式，都應該予以尊重，而不是憎惡、仇恨對方。性傾向是指從他人身上感受到的性吸引力，而人的性傾向很多元，有可能被異性吸引，也有可能被同性吸引。

性少數族群的人權也應受到保障。這世上，無論是什麼樣的性別認同，都該被尊重，因為每個人的自我認同都是獨一無二且非常珍貴的。父母如果和孩子談到性少數族群，應該強調人權、平等、尊重這三大面向。請務必告訴孩子，這世上有各式各樣的人，每個人都有權利過幸福的生活，千萬不可因為對方與自己不同，就歧視對方。

對身心障礙者的偏見

很多人認為「身心障礙」與自己無關，其實每個人都可能面臨身心障礙。根據韓國身心障礙者就業服務處（Korea Employment Agency for Persons with Disabilities）的統計，有七成五的身心障礙為後天造成。也就是說，即便現在沒有任何身心障礙，也不代表未來就一定不會面臨身心障礙。所以，我們不該將身心障礙視為與自己毫不相干的事。

馬拉松賽事裡，經常可以看見視障跑者與陪跑員之間，以一條陪跑繩將彼此牽繫起來，讓視障跑者接受非身心障礙者的引導，共同完成比賽。但如果是在漆黑的環境下舉行比賽，情況會是如何呢？想必，會變成非身心障礙者必須接受視障者的引導，才有辦法向前邁進。

所謂「障礙」，會依據不同視角而產生不一樣的定義或解讀，有些人卻將身心障礙者視為「依賴他人而活」甚至是「添麻煩」的人。可是，如果會依賴他人而活、又會添麻煩，就是身心障礙者的話，那麼，我們每一個人都可說是身心障礙者，因為人與人之間本來就是相互依賴，很難單獨活著，你也可能在某些時刻給別人添麻煩。這世上，真的有人能完全不依賴他人、從不給人添麻煩嗎？

有時，丈夫會依賴妻子、父母會依賴子女、小孩會依賴大人。大多數人都是依賴彼此而活著的。希望各位不要將「與身心障礙者相處」視為一種體貼或優待，並且要讓孩子知道：互相扶持、邁向共好，是有意義而且值得的。

POINT

無論是什麼樣的性別認同或有無身心障礙，每個人都應該被尊重。請檢視自己對少數族群是否抱持偏見。

教孩子尊重不同的家庭型態

家庭，是由不同年齡與角色的成員組成，不同成員會組成不同型態的家庭。人的樣貌千變萬化，家庭樣貌當然也是。家庭成員可能住在一起，也可能不住在一起。住在一起的可能是媽媽，也可能是爸爸。負責賺錢養家的可能是爸爸，也可能是媽媽。

我們的社會對於所謂的「正常家庭」經常有一個既定框架，認為由父、母、小孩組成的家庭才是正常家庭。

其實左頁圖中的1號、2號、3號都是正常的家庭——單親家庭、多元文化家庭、隔代教養家庭、身心障礙家庭、同居家庭、同性伴侶家庭等，都是「家庭」。很多時候，人們所謂的「正常」只是代稱那些佔大多數的類型罷了。事實上，「家庭」無所謂好或不好、正常或不正常，任何型態的家庭都是有可能存在的。

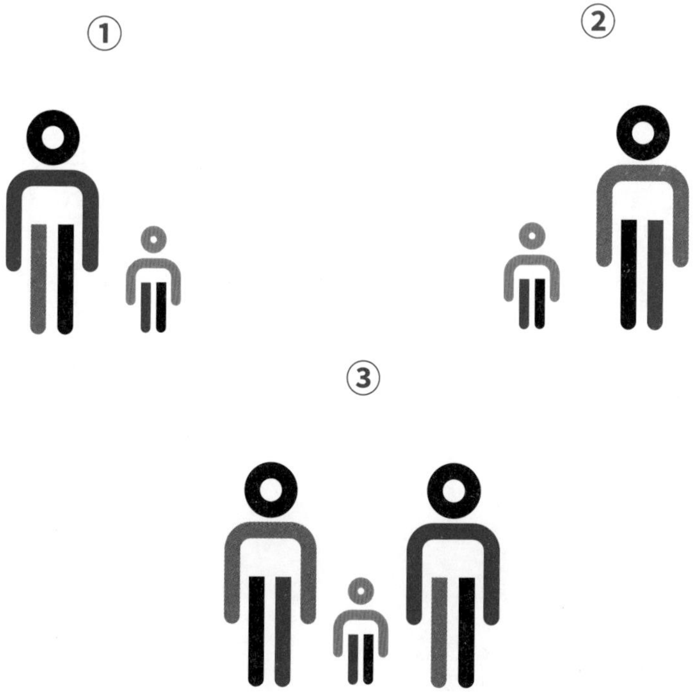

＊請看看以上幾張圖，哪一個才是正常的家庭型態呢？

一父一母組成的家庭，也不一定永遠和樂融融。有的家庭是全部的人住在一起很快樂，有的家庭則是彼此分開住才會更快樂。每個家庭有它的特點和脈絡，而我們不應該忽略這一點、只以「有沒有一個爸爸和一個媽媽」這種框架來論斷一個家庭是否正常。

別讓孩子對自己的家庭和別人的家庭抱有不正確的觀念，甚至任意評論。我們應該教導孩子理解並尊重家庭的各種不同型態。

不以貌取人，也是重要的性教育

最近很流行拍攝「體態照」（body profile）。就連我身邊也有很多人計畫花上好幾個月進行準備，實行嚴格的飲食控制與高強度的重量訓練，以塑造出最佳體態，為人生留下紀錄。沒想到，就連孩子們也不例外，有愈來愈多小孩從小學就開始節食，或為了增肌而只吃蛋白質。想找到自己的特點、展現魅力是沒有錯的。問題是我們的社會對「美」的定義和標準太過千篇一律，而且有太多人視那標準為「正常」。

很多人就算體重在標準範圍內，仍會說自己太胖、責怪自己吃太多、說明天開始要努力節食減肥。事實上，除了少數基於健康因素而不得不減肥的情況，很多時候節食是不必要的行為。而且，如果在成長發育階段進行節食，營養容易不均衡，不僅會導致身體無法正常發育，心靈也可能產生問題。

媒體經常將皮膚白皙無瑕、身材苗條的女生，以及身材高大、肌肉發達的男生，刻畫為「美」的唯一標準。我們很難改變媒體的做法，但我們可以改變自己看待媒體的態度。

父母應該幫助孩子建立「身體」的正確觀念與態度。為此，就必須從孩子身邊的大人開始以身作則，父母應該檢視自己平時對「身體」和「外貌」抱持什麼樣的態度。

很多人習慣毫不猶豫地對「身體」和「外貌」進行評論：「天啊，怎麼會有人長那樣！要是我不如直接投胎還比較快！」「他長那樣怎麼敢走出去？」「長那樣，如果連書都讀不好的話，還能活嗎？」這些話不只是大人會說，小孩子也很輕易就脫口而出。這些話的背後，代表他認為外貌是很重要的資本，而且社會對「美」的定義和標準是理所當然的。

我們的社會容易讓人因為自己沒有苗條的身體而感到羞恥，媒體也經常強調身高要高、皮膚要白、鼻子要挺。於是，很多人拿那樣的標準來審視自己，因而妄自菲薄，這也是為什麼有這麼多人熱衷於節食減肥。

但，只有媒體強調的那個樣子才是真正的「美」嗎？

很多人認為外貌是一種能力，所以習慣以貌取人。其實以貌取人就是一種歧視。每個人遺傳自父母、在這世上獨一無二的身體和外貌，都有自己的特色。各位爸媽務必幫助孩子理解這一點，讓孩子知道，因為外貌而歧視別人是不對的。

為了將正確的觀念傳達給孩子，父母必須先檢視自己對「身體」和「外貌」的態度，並留意自己與人互動時是否會以貌取人。

第三章

性教育，需要每個人、每一天的投入

用輕鬆的日常話題展開性教育

當孩子對「性」感到好奇時，就是進行性教育的最佳時機！父母不用刻意壓抑孩子的好奇心，而是該適當給予回應。這就是為什麼日常對話很重要。所謂對話，是基於信任而交流彼此的感受和想法。敢在對話中談「性」的孩子並不多見，我們應該幫助孩子從小就練習在日常對話中談「性」。

如果你尚未拉近與孩子之間的心理距離，在孩子還沒準備好的情況下，還是要避免讓孩子不自在或有壓力，不要貿然越界、一下就切入「性」的話題。可以先從「今天在幼稚園做了什麼」、「和朋友玩了什麼遊戲」、「有發生什麼有趣的事嗎」等日常話題，開啟和孩子的對話。只要先培養日常對話的習慣，後續就能更自然地切換到「性」相關的話題。

你可以在和孩子談「性」的時候問孩子很多不一樣的問題，但切記不要用追問或審問的語氣。那樣可能讓孩子退縮，甚至永遠關上心門，不願意再和父母談「性」。無論孩子說什麼，請正面看待，即便他說的內容可能令你有點吃驚，也要用心傾聽。讓孩子願意對你打開話匣子，進而談到你特別關心的部分。父母要做的，是營造出能讓孩子放心說話的環境和氛圍。

父母們可以從旁觀察孩子的狀態，從「性」相關的日常話題來展開性教育。例如和孩子一起去游泳時，你可以和孩子聊聊媽媽會有月經來潮的現象，孩子自然會了解到，女生在游泳前必須留意月經週期，這些日常對話就是性教育的起點。而且在談論這些的過程中，也能和孩子分享、交流很多事情。

和孩子一起逛超市時，可以帶他走到衛生棉專區、聊一聊月經，讓孩子感受到，月經是女性會經歷的自然生理現象，沒什麼需要不好意思的；和孩子一起去看診時，則可以和孩子說明，在什麼情況下能夠在別人面前脫掉衣服，在什麼情況下不可以。孩子就會理解在看診時脫掉衣服，與在朋友面前脫掉衣服，這兩者是有差別的。

孩子感到好奇時很喜歡問問題，就連「性」相關的事也會毫不猶豫地問出來。父母不要因為孩子提出某些問題就訓斥他，也不要不予回應。要是孩子看到父母迴避回答，只會更好奇。孩子的疑問，是進行性教育的好時機。

和孩子談「性」還有很重要的一點，就是不要從大人的角度出發，而是從孩子的角度出發，用語及表達方式也要依據孩子的年齡調整。爸媽也許會問：「那麼我究竟該向孩子解釋到什麼程度呢？」

我建議盡量以自然、不讓自己感到難為情的方式向孩子解釋。因為父母的態度比正確答案更重要。要是不清楚答案是什麼，就誠實地告訴孩子，或直接說你不好意思談，也沒關係。

父母可以使用一種叫「GO／STOP」的對話技巧，很有用也很簡單。當孩子提出一個問題，你回答之後，觀察一下孩子的反應。如果孩子聽完父母的回答後，又提出另一個問題，就可以「GO」，繼續回答他，讓對話延續；如果孩子聽完父母的回答後沒有再提出下一個問題，就代表「STOP」，讓對話停在那裡。這個對話技巧讓父母有斟酌和判斷的空間，不會讓父母在孩子沒繼續發問的情況下硬是要延續對話，也不會讓父母在孩子繼續發問時抹殺了孩子的好奇心。

例如孩子問媽媽：「你是怎麼生下我的呢？」

媽媽回答：「小爸爸遇到了小媽媽，就生下你了。」

孩子聽完後，如果說：「喔～是這樣呀！」接著便去做其他事，那麼媽媽也只要讓對話停在那裡就好了。

但如果出現相反的情況，孩子聽完後問：「小爸爸是怎麼遇到小媽媽的呢？」

媽媽就不該制止孩子「別再問下去了」，而是要讓對話繼續「GO」，回答：「在媽媽的肚子裡，有一個地方可以讓小爸爸遇到小媽媽。」各位爸媽可以勇敢嘗試看看這樣的「GO／STOP」對話技巧。

孩子可能會繼續問：「小爸爸遇到小媽媽的地方，是什麼地方呢？」

媽媽可以先向孩子說明：「是一個叫『子宮』的地方喔！」孩子聽了如果對「子宮」感到好奇、又提出更多問題，這時因為能用言語說明的程度有限，父母就可以運用繪本裡的圖片幫助孩子理解。

讓父母了解孩子不同的成長階段會有的疑問，適時配合孩子的發展程度來談「性」，會是對話中最重要的收穫。因為孩子第一次談「性」的對象是不是爸媽，也是很重要的一點，請不要抹煞孩子的好奇心，不要在孩子提問時要他：「別再問了！」

在給孩子性教育前，爸媽也別忘了對自己信心喊話一下：「就算不太清楚也要勇敢GO！」試著拋開身為父母與成人的觀點，從孩子的角度去思考吧！

在家練習建立人際界線

人與人之間有肢體的界線，也有心理的界線。

心理的界線，指的是心靈與心靈之間的界線。對容貌、身材的品評，以及關於何時結婚、生小孩等私人領域的提問，都可能侵犯到心理的界線。

肢體的界線，則是身體與身體之間的界線。每個人是自己身體的主人，別人如果要觸摸我的身體，必須得到我的同意；我如果要觸摸別人的身體，也必須得到對方同意。未獲同意就觸摸別人的身體，就侵犯了肢體的界線。

這些是非常基本的原則，了解並遵守這些界線是很重要的，即便是家人之間也應該遵守。父母應該教導孩子如何在自己不想要的時候勇敢說「不」，並在孩子說「不」的時候尊重他。父母也應該讓孩子知道「你喜歡的，你的朋友不一定也喜歡」。

其實父母與孩子間的身體接觸仍有其必要性，不僅有助穩定情緒，也可建立情感連結。但是身體接觸有一項很重要的前提——必須基於信任與同意。每個人認為敏感的身體部位和程度都不同，都該受到尊重。未獲對方同意就做身體接觸，可能會讓對方反感；甚至在未獲對方同意就任意觸摸對方的身體的話，則會構成暴力。

爸媽準備要給孩子一個親吻時，孩子如果表現得有點猶豫，就該尊重孩子的意願，並嘗試用其他方式來拉近與孩子的距離。表達愛意的方式並不只限於親吻，孩子也不會每次都很樂意和父母做身體接觸。孩子如果表示不喜歡，父母就該停止動作。

有些孩子會因為爸媽有口臭或菸味，拒絕來自爸媽的親吻。爸媽如果抱持「這是我自己的小孩，又不會怎麼樣」的心態，仍堅持親下去的話，等於是在忽視孩子的感受。在孩子拒絕的情況下執意做身體接觸，就是不尊重孩子。而如果告訴孩子「你如果讓我親，我就幫你完成願望」，不僅是很惡劣的態度，也是非常危險的做法。孩子會認為「雖然我不喜歡，但只要配合，就能得到我想要的」，久而久之容易喪失主體意識，會為了配合別人而不表達自己的感受，難以行使自主權。以身體接觸作為代價，是必須杜絕的一種行為。

尊重對方意願，遵守人際界線

若孩子在家裡表達了自己在人際界線上的需求，卻經常被忽略、不被尊重，將很難對「界線」形成正確的觀念，並且容易變得不安、畏縮和膽怯。父母對孩子做他不喜歡的身體接觸，是同時侵犯肢體及心理的一種暴力。界線一旦被侵犯，人與人之間的關係就可能出現裂痕。

就算你是孩子的父母，也不能隨便就對孩子做身體接觸，請練習先徵得孩子同意再為之。例如，「○○，媽媽可以抱你嗎？」「你怎麼這麼可愛！我可以親你一下嗎？」請務必尊重孩子的意願，孩子才能信任這樣的父母，而且也不會隨意去觸摸別人的身體，或任意允許別人觸摸自己。

誰都不該在未經對方同意之下越過人際界線。家人間的身體接觸也是如此，這才是愛護、珍惜彼此的一種方式。只要懂得尊重對方的意願，就不會任意侵犯人際界線。人際界線的建立，始於「尊重他人」。

認識人際界線的孩子，會對於界線保有較高的敏銳度，在別人侵犯自己的界線時能很快警覺：「怎麼好像有點奇怪？」「他為什麼無視我說的話？」「這情況好像不太對？」並知道能夠向父母求援。所以父母應該幫助孩子養成這樣的敏銳度。

在尊重彼此的前提下做身體接觸

我的意思並不是要爸爸媽媽都不要對孩子做身體接觸，而是希望父母的觀念可以從「對自己的孩子，我想怎樣就怎樣」變成「自己的孩子，我當然要第一個尊重他」。父母遵守孩子的人際界線，孩子才能對「界線」養成足夠的敏銳度。

另一方面，肢體與心理的界線不是孩子才有，父母也會有。有時孩子的界線被尊重了，父母的界線卻不被尊重，為父母也應該誠實表達出自己的感受。如果孩子的身體接觸讓你感到不舒服，請務必告訴孩子，並且讓孩子知道怎麼做比較好。

例如，孩子在公共場合想伸手觸摸媽媽的胸部時，不要將之合理化、認為是孩子感到不安才會這樣，請引導、告訴孩子可以改摸媽媽的雙手。父母要讓孩子知道，未遵守人際界線的行為是不對的。

父母會擔心要是拒絕孩子的身體接觸，會傷到孩子的心，所以即便自己很累或沒心情，也會盡可能地包容、接納孩子的身體接觸。但是好的身體接觸應該要是雙方都樂意為之的。

有些父母會在孩子來討抱時說：「走開，爸爸（媽媽）很累！」我認為可以練習看看，平時多向孩子解釋自己的狀態和心情。例如：「爸爸（媽媽）今天很累，沒有力氣抱你了，改天再抱你好嗎？」這樣的回應是不是更好呢？把孩子也培養成一個懂得體諒父母、體察他人情緒的人。

身體接觸是用來表達愛與關懷的一種肢體語言，會越過人與人之間的那一條界線。所以，從小在家裡就要練習建立與遵守人際界線。孩子和大人一樣，擁有自己的界線，父母也該尊重、遵守孩子的人際界線。

除了人際界線，孩子的個人隱私父母也必須尊重。以手機為例，現在即使是小學生也擁有自己的手機。父母可能會很想知道孩子在手機裡下載了哪些軟體、會用手機跟哪些人聯絡、做哪些事等等。但父母不應該隨便查看孩子的手機，因為孩子也是有個人隱私的獨立個體，未經孩子同意就查看他的手機，是對孩子的不尊重。父母必須先尊重孩子，孩子才會願意尊重父母。**父母經常將孩子視為「不成熟的人」，認為孩子無法獨立思考，於是直接替孩子決定他的人際界線在哪，但這樣無法反映出孩子真正的情緒和感受。**

每個人小時候的經歷，會逐漸形塑出自己的價值觀。小時候如果經常不被尊重，長大後有很高機率不會去尊重別人，也會難以在別人不尊重自己時有所覺察，更無法養成正確的價值觀。

在這個世界上，有些界線是可見的，有些界線是不可見的。例如公共廁所那樣的地方，雖然地板上沒有劃出排隊的界線，但人們都會依序排隊。無論是可見還是不可見的界線，生活中各個領域的界線都應該好好遵守，並且從家裡就開始做起。

POINT

家人間的身體接觸及孩子的個人隱私，都存在界線。請務必尊重、並遵守自己與他人在肢體及心理上的界線。

孩子何時該和父母分開洗澡？

韓國二〇二一年修訂的《公共衛生管理法》規定，四歲以上的孩童不得進入異性的公共澡堂。其實自新冠肺炎流行以來，已經很少有家長帶孩子到公共澡堂，但還是有很多父母認為四歲以上的孩童在自己眼裡只是個小孩，但外人不見得能同樣地看待。

關於孩子幾歲以後應該和父母、兄弟姐妹分開洗澡，以及幾歲會開始探索性器官等問題，並沒有標準答案，因為每個人對於「性」的價值觀和敏感度都會不斷地變化。

隨著時代變化，能進出異性公共澡堂的年齡上限，從原本的五歲降到了四歲，社會大眾對於「性」的敏感度也不斷在改變。我通常會建議，孩子五歲左右就要練習和異性分開洗澡。

「洗澡」是人在生活中很基本的一項習慣，對於人的身心健康也有不可或缺的作用。孩子和父母一起洗澡時，情緒會安定下來。而且洗澡也可以變成像是在玩遊戲，增加親子之間的親密感，並讓孩子有機會觀察到男女性器的不同。

關於親子共浴，每個家庭有每個家庭的做法；有的家庭是孩子從小就不和父母一起洗澡，有的家庭是孩子到上小學了還和父母一起洗澡。和異性一起洗澡，在自己家中可能是一件很自然的事，但同樣的行為如果發生在家以外、侵犯到別人的人際界線，就會變成很大的問題。由於孩子較難分辨在家和在家以外的差別，父母應該讓孩子從小就在家裡學習遵守人際界線。

親子共浴有一項很重要的原則，無論年紀多大都必須遵守，那就是孩子或父母之中，只要有人對在另一人面前裸露自己的身體感到不自在、甚至厭惡的話，就應該改為分開洗澡。和孩子一起洗澡這件事，如果從某天起變成了你的壓力，就應該開始練習分開洗澡。

所謂的分開洗澡，並不是要求爸媽完全不參與孩子洗澡的過程。如果孩子洗澡時需要父母協助，依然可以在穿著衣服的狀態下協助孩子洗澡。

孩子可能會問：「為什麼一定要分開洗澡？」請爸媽務必要坦然、清楚地告訴孩子：「男生和女生本來就應該分開洗澡唷！之前因為你還小，所以爸爸（媽媽）會和你一起洗澡、幫你洗身體。但現在你要開始練習自己洗澡了唷！自己洗澡，代表你很尊重和珍惜自己的身體。」接下來，請在孩子練習自己洗澡時陪在旁邊，教孩子如何清潔身體。有些爸媽容易擔心孩子洗不乾淨，但其實就算真有泡沫沒沖掉或沒擦乾淨，也不會發生嚴重的問題。但孩子如果缺乏人際界線的意識，問題會更嚴重。

孩子如果已經上小學了，一定要和父母分開洗澡。因為孩子不僅要懂得家人的人際界線，也要開始認識家人以外的人的人際界線了，尤其要學會在日常生活中時時刻刻尊重異性的人際界線。就像能進出異性公共澡堂的年齡上限從原本的五歲降到了四歲，代表社會大眾對人際界線的敏感度提高了——小孩和自己的家人一起洗澡可能沒什麼問題，但和家人以外的人就不是那麼一回事了。

各位父母在家一定要記得遵守和實踐人際界線的概念，幫助孩子培養出對人際界線的敏感度。例如，讀國中的兒子正在洗澡時，媽媽不該以刷牙為由闖進浴室；媽媽正在洗澡時，兒子不能以上廁所為由闖進浴室。要摒除「家人之間又不會怎樣！」的心態，在家就建立良好的人際界線。

父母對「洗澡」一事以身作則是很重要的，這將形塑出孩子對「性」的價值觀。練習分開洗澡，能夠讓孩子學習到人際界線的概念，以及學習如何尊重自己、家人與他人。

孩子如果沒學會和父母、兄弟姐妹分開洗澡，可能會隨便盯著或觸摸別人的身體，或在別人盯著或觸摸自己的身體時毫無人際界線的概念。

線上育兒論壇「議政府地方媽媽社團」在二〇二〇年的一項調查，詢問媽媽們「洗完澡後會穿衣服再走出來 VS 洗完澡後不穿衣服就走出來」。調查結果顯示，有大約六成五的媽媽表示自己洗完澡後會不穿衣服就走出浴室。

那你呢？你會覺得「我自己的身體，我想怎樣就怎樣」或「只要我方便，有什麼不可以」嗎？會因為是在自己家，就在孩子面前隨心所欲嗎？如果想給孩子良好的性教育，首先一定要先將孩子視為一個獨立個體。

曾有人在育兒論壇裡分享一則故事：有一名爸爸平時在家裡上廁所都不把門關上，某天，年紀還小的女兒不小心看見爸爸的陰莖。

女兒：哇！這是什麼？是小雞雞嗎？我可以摸嗎？好神奇喔！（同時伸手想摸）

爸爸：不可以！你怎麼會想摸？不可以摸喔！那裡很髒，不乾淨！

女兒：很髒怎麼會在那裡？

爸爸：不是它髒，是尿尿髒髒，所以你不可以摸！老婆！趕快帶他出去！

偏偏小孩的視覺高度和大人性器官的高度是差不多的。最後，女兒被帶出浴室時，還止不住好奇心地喊：「我想再看一次～讓我摸摸看～為什麼它會翹起來？」最後爸爸為了避開孩子，不得不暫時離開家裡。從此以後，爸爸在家裡上廁所一定會把門關上。

貼文者表示，那位爸爸因為受到太大的衝擊，徹底改變了過往的習慣，有時甚至需要用電療法來平復內心創傷。這個案例令人發噱，但要留意的是，孩子感到好奇時，父母沒必要斥責，而是要讓孩子知道「你不想讓他看到你的身體」。就算孩子想看，也要讓孩子知道那不應該。

如果你會脫光衣服在孩子面前出現，等於是將孩子視為「無知的人」。脫光衣服是非常私密的行為，只適合發生在特定空間裡。就算是家人，強迫別人看見自己的裸體，就可能構成暴力。

孩子在家如果常看見父母裸著身子走來走去，長大後很可能會以為那樣是沒有問題的。那樣的行為在自己家或許沒有大礙，但在家以外是很危險的。務必要記住，孩子每個問題行為的背後，都可能是父母不當的行為所導致。父母的裸體，不該隨便讓孩子看到。

有的父母習慣在孩子剛洗完澡、還沒穿上衣服時對孩子說：「哎呀，丟丟臉！趕快把衣服穿起來。」事實上，孩子的身體沒什麼好丟臉的。但父母如果一再重複那些話，孩子可能會認為他的身體是他應該感到丟臉、必須時時刻刻遮掩起來的。在別人面前裸露自己的身體確實不對，但身體本身沒有什麼好丟臉的，也沒有任何不對。

也有的父母在趕時間送孩子上學的情況下，一下子就替孩子脫穿衣服，這樣的方式也不恰當。就教育層面而言，事先詢問孩子：「你要自己穿嗎？還是讓我幫你呢？」才是更好的做法。

上面提到的「分開洗澡」和「人際界線」，孩子能否立刻做到不是重點，重點在於全家人有沒有努力去制定與遵守相關的規則，尤其父母一定要以身作則。建立人際界線的過程至為重要，因為那個過程本身就是對孩子最好的教育。各位爸媽務必要身體力行，讓孩子學會自己洗澡以及遵守人際界線。

孩子何時該和父母分房睡？

孩子和父母同房睡的情況頗為常見。父母常覺得如果讓孩子一個人睡，自己會忍不住擔心；但如果讓孩子和父母同房睡，又會煩惱應該要持續到孩子多大為止，對孩子的成長比較好。很多父母心裡會想：等孩子五歲了就要讓他自己睡、等孩子七歲了就要讓他自己睡、等到孩子上學就讓他自己睡……卻只是不斷延後讓孩子練習自己睡的時機。然而，為了孩子的自我發展，父母應該要以適當的方式，讓孩子練習自己一個人睡覺。

與分開洗澡一樣，孩子幾歲以後應該和父母分房睡，也沒有一定的答案。但通常會建議，等孩子學會自己上廁所以及半夜也能自己去尿尿了以後，再開始分房睡比較適合。雖然每個孩子的情況不太一樣，一般仍建議最好在四歲到六歲之間開始練習和父母分房睡。

如果你希望孩子學會自己一個人睡覺，請直接訂出時間表，不用擔心孩子太小無法做到。

有很多家長認為讓五、六歲的孩子自己一個人睡會有問題，或認為孩子和父母原本就該睡在同一間房間裡。但這世上沒有什麼是應該的，那些想法不過是某部分家長所認為的罷了。

讓孩子在四到六歲開始練習自己一個人睡覺，最晚在上小學之前學會，會是比較理想的狀況。如果有異性的兄弟姐妹，也應該練習分房睡。即便還沒到青春期，異性兄弟姐妹共用一間房間仍是不太恰當的。

我有兩個兒子，彼此相差一歲。在他們五、六歲大時，我開始讓他們練習和父母分房睡。當時，多虧有一張上下舖的雙層床，我的孩子在練習自己睡的過程中沒有遇到太大困難。他們一直很想擁有一張上下舖雙層床，於是我和他們約定，只要買一張給他們，他們就要開始練習和爸爸媽媽分房睡。

不過，我們將雙層床買回家的那天晚上，原本很嚮往能睡在自己房間雙層床的孩子們仍會害怕即將和爸爸媽媽分房睡。所以一開始，我會躺在孩子旁邊，一天在上舖，一天在下舖，唸故事書給他們聽，直到他們睡著，才會離開他們身邊。有好幾次，我自己也不小心就直接睡著了，因為媽媽也有疲憊的時候。不過，就在這樣每天練習和父母分房睡的過程中，某天起，我的兒子開始能自己回房間上床睡覺、不用媽媽陪伴了。剛開始的幾天我們互道晚安後，他們的房門仍會開著，以便讓他們知道爸爸媽媽就在客廳，可以安心地睡著。

有很多父母擔心孩子自己睡會害怕，認為孩子要獨立睡覺很困難。我能夠理解這樣的心情，有哪個父母會放著孩子一個人擔驚受怕而不管呢？要孩子學會和父母分房睡，也不是說一句「你從今天開始就自己一個人睡！」就能夠立刻達成的，而是要給孩子足夠的適應期。

可以像我一樣，將孩子睡覺的房間做出一些改變，是不錯的做法。可以裝上柔和的燈光，放置柔軟、舒適的寢具及孩子喜歡的布偶等，營造出一個會讓孩子想要自己一個人睡覺的環境和氛圍。如果孩子開始願意嘗試自己一個人睡覺，請稱讚孩子：「○○自己一個人睡也可以睡得很好，對不對？你好棒、好勇敢喔！」也要讓孩子知道：「就算爸爸媽媽沒有和你一起睡覺，也會一直在你的身邊！」讓孩子感到安心，並且信任父母。

我曾經碰到一位媽媽前來諮詢，說小學五年級的女兒和爸爸很親，晚上會一起抱著睡覺。媽媽覺得應該開始讓女兒自己一個人睡了，爸爸卻覺得等女兒以後長更大就不能再一起睡了，現在還沒關係，讓媽媽非常苦惱。孩子如果沒有在適當的歲數就和父母分房睡，可能就會面臨這樣的問題。

小學五年級的孩子就會開始發育出第二性徵，這年紀的女兒和爸爸抱著一起睡覺並不恰當。雖然上面的例子是出自父女感情好，但也已經越過應有的人際界線。所有類型的人際關係都應該遵守人際界線，即使是父女也不例外。

父親如果不尊重女兒的人際界線，女兒將難以意識並建立自己的人際界線，而且可能會在別人已經侵犯到自己的人際界線時，仍無法察覺到問題的嚴重性。所以我建議那位媽媽要持續說服丈夫，讓丈夫知道即使是家人也應該遵守彼此的人際界線；對女兒也應該好好說明，因為突然要求女兒和爸爸分開睡的話，女兒可能會產生不安的感受。

父母應該明確告訴孩子，讓孩子知道爸媽決定和他分開睡，並不是因為不喜歡他或討厭他：「〇〇，從現在開始，晚上你要和爸爸（媽媽）分開睡了哦！因為你不再是小小孩，已經開始有第二性徵、愈長愈大了！爸爸（媽媽）覺得你很可愛、很重要，所以要更尊重你，晚上我們分開睡，就是爸爸（媽媽）更尊重你的一種方式哦！以後，爸爸媽媽會愈來愈尊重你的！」

正式和孩子分房睡之前，也請務必讓孩子認識何謂「父母的房間」與「自己的房間」，讓孩子知道睡覺就應該在各自的房間裡，以及要走進別人的房間前最好先敲門、打聲招呼。

很多有小小孩的家庭，晚上睡覺時是全家人睡在同一間房間裡，使得孩子容易對「父母的房間」缺乏足夠認知。父母要讓孩子知道，「父母的房間」是只屬於父母的空間，如果父母的房門是關著的，不可以直接闖進去，一定要先敲門詢問。讓孩子理解踏進別人的空間前一定要徵得對方同意，使用浴室時也一定要把門關上。這些基本的生活習慣非常重要。

分房睡的習慣不只是為了孩子好，也是為父母好。很多父母必須先把孩子哄上床、直到睡著了，才有辦法處理自己該完成的工作。父母和孩子分房睡，會有利於劃分及保有各自的空間和時間。

要幫助孩子建立和父母分房睡的習慣，不必太過著急，因為不太可能一下就達成目標。倘若孩子完全沒有意願、父母卻強迫他自己一個人睡，反而會加深孩子的不安。千萬不要讓睡覺這件事變成孩子心中的恐懼。分房睡的練習，應該要在孩子的理解和配合之下慢慢開始。只不過時間上，最晚在孩子上小學前完成會比較理想。

教孩子認識性器的正確名稱

通常教孩子說話時，我們會將字詞的正確發音和含義告訴孩子。但談到身體的一部分——性器時，我們卻鮮少正確的稱呼。語言的使用，對一個人的認知與價值觀會產生很大影響。所以，我們應該讓孩子從小就認識身體器官的正確名稱。

孩子首先要對「身體」擁有正確認知，才能學習正面看待及愛護自己的身體。父母應該教導孩子，談到性器時，應該要像談到眼睛、鼻子、嘴巴一樣，以正確的名稱來稱呼。

孩子還小的時候，容易把「飯」說成「啊姆啊姆」、「汽車」說成「哺哺」，但等孩子長大，父母會開始教導孩子正確的稱呼。性器也是一樣，父母應該配合孩子的發展程度，教孩子認識性器的正確名稱。

父母對孩子提到性器時，較常使用的代稱有「小雞雞」、「小鳥」、「小弟弟」、「妹妹」

等。孩子還小時使用這些用詞沒什麼問題，但應該配合孩子的發展程度，逐漸改為性器的正確名稱。讓孩子習慣性器的正確名稱是很重要的，更重要的是創造一個能讓孩子放心使用那些正確名稱的家庭環境。

讓孩子自然地學到性器的正確名稱是比較理想的做法。例如，父母可以在孩子上廁所或洗澡時，告訴他性器的正確稱呼。孩子一旦能正確地指稱性器，自然會更認識自己的身體。請具體地向孩子說明：「尿尿出來的地方，正確的名稱是『陰莖（陰唇）』唷！」

很多孩子在上了幼稚園後，可能有辦法說出冷僻的人名、背出九九乘法表，或自然地唸出連大人都不太懂的英文單字。孩子如果有能力做到這些，那麼他應該也具有相當程度的能力能記住並學會使用「陰莖」、「陰唇」這些性器的正確名稱。孩子的語言程度往往比父母以為的還要高。請爸爸媽媽相信孩子的能力，教孩子認識性器的正確名稱。

男性、女性的性器有時會被代稱為「小弟弟」或「妹妹」，但這樣的代稱容易和親屬稱謂互相混淆，不是精準的表達方式。如果稱之為「那裡」或「下面」也不夠確切，要盡量避免這種含糊的措辭。有時，性器也會被稱為「重要的地方」，但人的身體沒有一個地方是不重要的，不可能只有性器重要而其他地方不重要。

我想建議各位爸媽先試著觀察自己的性器，這是愛護自己身體很重要的一步。我們每個人都應該認識自己的身體。直到現在，依然有很多人沒辦法好好正確地指稱及表達性器的名稱，很希望未來能有所改變。為此，父母應該以身作則，學習如何更精準地表達。而如果要熟悉那些正確的用詞，就必須先熟悉那些詞所指稱的對象，我們每個人都應該對「性器」是熟悉的。與性器相關的詞語，我想多做一些說明。很多人使用以下幾個詞語時沒有意識到可能存在的問題，但隨著時代變遷以及性別敏感度的提升，往後應該更審慎地使用。

第一個詞是「生理期」，生理期的正確說法為「月經」，過往的觀念認為「月經」骯髒、不潔，是一種令人可恥的生理現象，因此習慣以「生理期」、「那個」來代稱。但月經並不是什麼難堪的事，也和「不潔」毫無相關。

第二個詞是「子宮」，意思是「孕育胎兒的器官」，強調其生殖之機制。由於漢字的「子」通常代表「兒子」，有人認為有男性主位之嫌，因此提議改稱「胞宮」，移除「子」這一個漢字所具有的性別意味，以細胞的「胞」取代之。

第三個詞是「處女膜」，這是一個物化女性的詞語，意在區別女性是否已經有過性行為。這個詞的背後完全是男性主位的思維模式，不僅壓抑女性的性自主權，也具有歧視意味。正確說法為「陰道口褶皺」或「陰道口肌肉」。很多人都以為「陰道口褶皺」是一片膜，能以此判斷女性是否保有貞操；但事實上，陰道口並不存在「膜」這樣的構造。

一個人如果對自己的身體和器官有正確的認知，自然而然會懂得珍惜並尊重它們原有的模樣。希望各位爸媽都能幫助孩子認識性器的正確名稱。

POINT

請教導你的孩子認識性器的正確名稱。如上述提及的月經、胞宮、陰道口褶皺等生理現象及身體器官，都應該使用正確的說法。

不用過度解讀孩子不具性意味的遊戲

你獨處時會做什麼？我會閱讀、慢跑，偶爾也會爬山。這些是我用來打發時間的小遊戲，就算是大人，也需要遊戲的時間。但對孩子而言，遊戲就像是生活的全部，具有很高的重要性。研究孩童認知發展的先驅、瑞士心理學家皮亞傑曾說，遊戲是用來評估孩童認知發展狀況的一大重要指標。由此可見，遊戲對孩童而言具有非常重要的作用。

孩子到了五、六歲，會開始有「性」的概念。美國心理學家柯爾伯格（Lawrence Kohlberg）的道德發展階段理論指出，五、六歲為學前期，這個年紀的孩子會開始產生性別角色的觀念，玩遊戲時，女生的角色通常是媽媽，男生的角色通常是爸爸，這也是為什麼我們常常看到這年紀的孩子在玩爸爸媽媽結婚、或病人去看醫生的扮家家酒遊戲。

孩子也喜歡以手觸摸來認識這個世界。不只是自己的身體，外界的人事物也會讓孩子感到好奇，所以孩子也會喜歡觸摸朋友的身體。玩病人看醫生的家家酒遊戲的孩子，往往喜歡將身體部位裸露出來，認為把裙子掀起來或把褲子脫下來、在屁股上打針是一件有趣的事。但扮演醫師或護士角色的孩子很少會關注到扮演病人的孩子的性器，因為孩子在玩身體相關遊戲的過程中是不具性意味的，只不過是好奇、有趣才玩的。

四歲大的孩子可能會在和媽媽一起洗澡時觸摸媽媽的胸部，或因為對媽媽的陰毛感到好奇而嘗試用手拉扯。但這樣的情況很難說是具有性意味，因為孩子只是對媽媽的身體好奇。不過，孩子做出行動的當下，媽媽可能會不知所措。我建議媽媽只要向孩子說明，他應該遵守媽媽身體的人際界線就可以了。

孩子玩的小遊戲大多數是沒有問題的，只不過大人看了會覺得有點尷尬。孩子如果開始玩爸爸媽媽結婚或病人看醫生的家家酒遊戲，代表孩子正在順利成長中，父母不必太過擔心。倘若對於孩子在屁股上打針的遊戲仍不太放心，也可以向孩子提議：「你的身體很寶貴，不可以隨便露給別人看唷！以後玩打針遊戲時隔著衣服進行就可以了。」

有時孩子們也會躺在床上玩爸爸媽媽的扮家家酒遊戲，尤其以四到七歲的孩子最為常見。這年紀的孩子非常容易出現模仿行為，將他看見的人事物記在腦中，並轉換為遊戲的一部分，這就是模仿的能力。多數時候只是為了重現那樣的場景，或純粹出於好奇而為之。

很多大人會主張「我們小時候都不會這樣！」「其他小孩不會這樣！」一味認定孩子這樣的遊戲有問題。但是大人不應該從性的觀點來解讀孩子不具性意味的小遊戲，那是不恰當的。

適時制止孩子不當的遊戲行為

為人父母，免不了碰上別人的孩子對自己的孩子做出某些行為，為此感到心疼的時候。在那樣的情況下，我們往往會擔心，直接告訴對方會破壞既有的關係，另一方面又擔心什麼都不說會繼續被惹怒。父母究竟該在哪些情況下介入孩子的小遊戲，確實是個令人苦惱的問題。而當父母必須介入時，重點在於要自然地讓孩子理解他自己的權利，以及他人的權利。

如前篇所言，孩子在玩病人看醫生的遊戲時，如果只是單純的問診，父母不必介入。但如果要做出脫下褲子在屁股上打針的行為，父母可能就必須介入、並且柔聲告訴孩子：「這樣做的話，皮膚可能會有傷口哦！以後玩打針遊戲時不用把衣服脫下來，隔著衣服進行就可以了。」或者建議孩子：「不然，你也可以改成幫娃娃打針哦！」不必大聲斥責孩子，因為對孩子而言，那只是有趣的小遊戲。

有些孩子喜歡玩督別人肛門的遊戲，或者在對方已經表示不喜歡之後，依然繼續拉扯對方的頭髮開玩笑。就算孩子年紀還小，這已經明確構成了暴力。如果其中一方已經表示不喜歡、另一方卻依然故我，大人就不該坐視不管，也應該檢討孩子所處的家庭文化是否出了問題。

孩子的某些行為雖不像大人以為的那樣具有性意味，卻仍然可能驚嚇到對方。例如，讀小學的姪子大剌剌地摸了你的胸部；你和朋友的小孩玩得正開心，他卻突然要你把褲子脫下來；你的女兒和別人的孩子玩到一半，對方突然要你女兒把內褲脫掉。若遇上這類情況，當事人可能會感到不舒服。就算只是遊戲，但只要讓對方感到不舒服，就不該繼續進行。

孩子的遊戲內容如果變得不一般，大人就該介入。當孩子出現不當的遊戲行為，請試著這樣做：不要大聲斥責孩子，而是告訴孩子「玩遊戲時仍應保有禮貌」，讓孩子知道，如果對方已經表示不喜歡、你卻繼續的話，是不對的行為，應該向對方道歉。

「噢，原來你剛剛這樣做了啊！可是你的朋友說他不喜歡耶！現在怎麼做比較好呢？我們一起來想想看！」

「去向你的朋友說聲對不起吧！」

「我們一起找找有什麼更好玩的遊戲，好不好？」

在這樣的過程中，孩子自然會了解到所謂遊戲，不是自己開心就好，而是要參與其中的人都開心，才是真正好玩的遊戲。

也要向孩子說明，如果對方已經表示不喜歡，卻只為了自己開心而繼續為之，就不再稱得上是「遊戲」，而是「暴力」了，因為那樣的行為已經引起對方不適。無論你和對方關係多要好，只要讓對方感到受傷，就是欺凌、暴力。

孩子們的「遊戲」和「暴力」，兩者差異並不明顯。孩子成長的過程中如果沒能好好學會分辨這兩者的微妙差異，他對於「暴力」將可能變得遲鈍、甚至無感。孩子必須知道，就算這兩者的差異並不明顯，其所導致的結果卻可能很不一樣。人對於「暴力」的敏感度再多強調、多重視都不為過。

遊戲過程中，只要有任何一個人不想再繼續，都應該中途暫停。不想再繼續玩的孩子可以明確表示：「我不喜歡，我不要再玩了！」「不好玩！」，也請確保孩子明白：當你不喜歡時，不必因為對方想要就繼續配合；而當對方表示不喜歡時，就算你想繼續，也應該尊重對方並停下來。

孩子如果從小就經常練習、並熟悉這些，當他的權利被侵犯時，他就會懂得保護自己，也比較不會隨便去侵犯別人。請爸媽務必教導自己的孩子，既懂得尊重自己的權利，也懂得尊重他人的權利。

第四章

孩子發問時，就是性教育的最好時機！

當孩子開始問我有關性的問題

何時才是給孩子進行性教育的最佳時機？每個人的標準可能不太一樣，但可以肯定的是，必須盡快開始，因為孩子接觸到性文化的速度就如同高鐵一樣快。一旦孩子開始提問，那便是給孩子進行性教育的最佳時機，切勿錯失每一次的良機。

國際間一般認為，孩子五歲即適合展開性教育。聯合國教科文組織（UNESCO）二〇〇九年發布的《國際性教育技術指導綱要》指出，給孩子的性教育應從五歲開始。在瑞典和丹麥，孩子從六歲開始接受性教育，十五歲開始接受有關避孕的義務教育。而在芬蘭，孩子會在十五歲那年收到一份包含保險套在內的「性教育禮包」。

此處並不是要強調「只要套用北歐的模式，性教育就會成功」，也不是要提議這麼做。我想讓各位知道的是，孩子接觸性文化的速度已經愈來愈快，為了因應這一點，各國實施性教育的時機已經逐漸提前。

給孩子的性教育並不存在一個特定的最佳時機。不過，有許多性醫學專家都認為愈快開始愈好。韓國性學會會長裴正元教授就曾經強調早期性教育的必要性，聯合國教科文組織亦提倡進行「全面的性教育」(Comprehensive Sexuality Education)。

所謂「全面的性教育」，目的是幫助兒童與青少年學會自尊自重、關心自己的健康、增進對權利的認知，以及懂得在彼此互相尊重的基礎上建立性關係。其最大的特點之一是「從小開始」，十分強調早期性教育的重要性。

給孩子的性教育，原則上只要配合孩子的發展程度、盡快開始。但只要孩子對「性」開始好奇並且會提問了，父母就應該要把握機會對孩子進行性教育，因為當孩子開始提問時，就是給孩子性教育的最佳時機。

孩子上幼稚園後，會開始累積非常多社交經驗，並產生大量疑問。例如孩子可能會開始問：「媽媽為什麼沒有小雞雞？」「媽媽為什麼是坐著尿尿？」

通常父母還在思考該如何對孩子進行性教育時，孩子就會先不斷提出問題了。這是值得慶幸的情況，因為父母給孩子進行性教育的最佳時機，就是當孩子開始提問，以及你能夠與孩子對話的時候。父母只要回答孩子的問題，就可以自然地對孩子進行性教育。孩子的疑問，就是性教育的契機。請各位爸媽千萬不要錯失良機。

有些父母會擔心，孩子看起來還沒開始對「性」感到好奇，就要開始對孩子展開性教育嗎？我會建議，千萬不要因為孩子沒有開口表達他的好奇，就認定孩子對「性」是不好奇的。因為孩子和大人一樣，有些人會在好奇時主動說出來，有些人則不會。

還有一些父母擔心自己在孩子提問後會慌張，甚至無法回應。我想告訴這些父母：不必太過煩惱，重要的是，從現在開始用心傾聽孩子的疑問，並且在孩子下次提問時盡力回答、不要迴避。在孩子提問之前，父母也可以多多了解和性有關的知識，儘早做好準備。

在孩子接觸不正確性知識前展開性教育

這幾年，就連兩歲孩子也懂得操作智慧型手機。即便不識字、不會寫也沒人教，你也很容易就能接觸到網路上的世界。在網路上，孩子會看見各式各樣的資訊、圖像及影片，性愛影像很有可能就在其中。

如今，孩子這麼容易就能接觸到性愛影像，家庭及學校裡的性教育卻仍不夠完備。給孩子的性教育，應該在孩子接觸到不正確性知識、形成錯誤的性觀念之前就開始進行。尤其三到十歲這段期間，是性教育的關鍵期。

我見過的十多歲青少年之中，絕大多數都是透過網路來滿足自己對「性」的好奇，因為當父母不斷在孩子面前避談「性」，孩子就只能透過網路來認識「性」，也就容易接觸到不正確的性知識。父母往往要等到發現孩子看了性愛影像或犯下性暴力，才深切體會到性教育的重要。

但給孩子的性教育，並不是一朝一夕就能完成的。

當父母煩惱該如何給孩子進行性教育、依然裹足不前時，孩子很容易藉由其他管道接觸到錯誤的性知識，例如在聽了朋友的性經驗後感到焦慮，認為尚未有性經驗的自己是有問題的；或者將流傳於朋友間的性經驗當作唯一的真理般看待。此外，孩子也會很容易全盤接受他在網路上接觸到的所有性知識。這就是為什麼父母應該儘早對孩子進行性教育。

很多父母會擔心給孩子進行性教育，只會刺激孩子對「性」產生好奇，造成反效果。這樣的想法是有問題的，性教育並不只侷限於「性器」與「性愛」，而是從小就融入日常、與生活緊密相關的教育而且性教育不僅是知識上的學習，更是關於生命本身的教育，可以讓人體會到包含自己在內的每一個人都是很珍貴的。一個接受過全面性教育的孩子，會因為體認到自己是一個很珍貴的生命，進而懂得尊重其他個體。

近年來，專家紛紛強調早期教育的重要性，於是家長們愈來愈熱衷於讓孩子儘早展開英文、數學等科目的課外學習。我相信沒有家長會擔心這樣做會刺激孩子對那些科目產生太多好奇、造成反效果。但各位爸媽應該知道，性教育會對孩子的性格造成很大的影響，家長看待性教育，應該要像看待英文、數學那些科目一樣重視。

我們對性教育也應該給予高度的關注和重視。父母要幫助孩子學會以健康的方式和管道來滿足他對「性」的所有好奇。希望各位爸媽別再對於給孩子性教育一事猶豫不決，必須趕在孩子接觸到不正確的性知識之前，有智慧地做好準備。

媒體識讀教育，從家裡開始

新冠肺炎肆虐期間，人們花在數位媒體上的時間增加了，尤其孩童改為遠距上學，使用數位媒體的時間更是大幅增加。韓國新聞基金會（Korea Press Foundation）二〇二〇年進行的「孩童使用數位媒體之習慣」調查結果指出，孩童平均每天使用數位媒體的時長已達四小時四十五分鐘，其所使用的數位媒體包含電視、平板、智慧型手機，類型十分多元。

隨著孩童使用數位媒體的時長增加，以及數位媒體內容愈來愈多樣，如今孩子很容易接觸到各式各樣的暴力與色情內容。因此，爸爸媽媽務必要幫助孩子養成懂得對數位媒體內容進行批判性思考的能力，也就是「媒體識讀」。

雖然數位媒體並不是只會帶來負面影響，但很遺憾的是，由於目前的社會仍缺乏一個能夠保護孩童不受暴力或色情內容傷害的完整機制，現在的孩子等於是對數位媒體上的所有資訊毫無防備，什麼問題都可能發生。所以父母更該提前做好準備。

所謂的「媒體識讀」能力，指的是懂得判斷與解釋媒體上的資訊，也就是解讀及產生媒體資訊的能力。如果懂得媒體識讀，就會懂得去驗證及辨別媒體上的資訊究竟是真是假。

近幾年有很多青少年都以成為YouTuber為未來志向，可見現在的青少年有多麼關注YouTuber，要禁止他們接觸YouTube已經不太可能了。況且，一味禁止也並非上策。父母應該要做的是教孩子正確地看待，並幫助孩子在大量接觸數位媒體的環境中懂得媒體識讀。

對現在的孩子而言，YouTube等媒體已經成為一種文化。透過那些媒體，孩子不僅能間接接觸到平常很難直接接觸到的人事物，還能觀察到社會的種種現象。YouTube雖然有這些正面的功能，但也存在負面的功能——上面充斥著可能會擾亂孩子判斷力的假消息和假新聞，其中與性有關的部分，更會造成孩子形成不正確的性價值觀。

李維（David Levy）博士曾經將受到數位媒體影響的大腦比喻為「爆米花腦」（Popcorn Brain），形容經常接觸數位媒體強烈刺激的大腦，就像爆米花只會在一定的高溫以上才會起反應，逐漸只會對強烈的刺激有反應，對於數位媒體以外的日常生活則變得遲鈍、甚至無感。

有些父母會擔心，現在孩子已經大量接觸數位媒體了，是否為時已晚？我想告訴各位：現在開始也絕不嫌晚！從今天開始努力，明天就有機會變得更好。父母在家中擔任什麼樣的角色，會決定孩子究竟是成為數位媒體的工具，還是懂得善用數位媒體的使用者。

媒體識讀教育，務必從家裡做起！

孩子的自慰行為，是成長的一部分

想要近距離觀察好奇的東西並摸摸看，是很自然的一件事，性器對孩子而言就是這樣的存在。孩子可能會在觸摸性器後產生微妙的感受，進而感到有趣，接著便會想要一再地嘗試。

你是不是覺得「自慰」是不該開口談論的一件事呢？有些父母平時看到孩子揉眼睛、抓傷四肢或觸摸身體其他部位，都不會太在意，唯獨看到孩子觸摸性器卻會覺得怪怪的，還會擔心是不是只有自己的孩子會這樣。

就像未滿周歲的寶寶喜歡吸吮手指一樣，很多小孩都喜歡摸摸看自己的性器，因為他們感受到觸摸性器帶來的快感，於是很容易一再嘗試對性器進行刺激，這是很正常也很常見的行為。

雖然每個孩子的情況不太一樣，但一般而言，孩子會在三到四歲之間體會到觸摸性器所帶來的快感，並在三到六歲之間經常觸摸自己的性器。父母不必太過擔心，這代表孩子正在探索自我感覺，是成長過程的一部分，毋須大驚小怪。

探索自己的身體與感覺的小遊戲

無論是男孩還是女孩，都會像摸摸看自己的手指、腳趾或肚臍一樣，也摸摸看自己的性器，以探索自己的身體與自我感覺，即便男孩觸摸正在勃起的陰莖也一樣。但父母必須留意的是，平常即使是開玩笑，也絕對不可以去觸摸孩子的性器。而三到六歲間出現的自慰行為，不應與成年人的自慰行為等同視之，因為孩子不會一邊自慰、一邊出現性幻想。

孩子成長的過程中會嘗試各類遊戲，自慰就是其中之一，想要經常玩好玩的遊戲是人之常情。有些人是因為無聊、想消磨時間；有些人是為了排解內心空虛，原因有很多種，我們要以平常心來看待自慰的行為。

有些孩子會在自慰到一半、被人發現後假裝睡著。光想是不是就覺得那樣的行為很可愛呢？那是孩子為了保護自己的隱私而選擇的方式。孩子觸摸自己的性器所獲得的遊戲經驗，是孩子健康成長過程的一部分，而自慰的行為能讓孩子對自己的身體產生正面感受，以及自然地接納性器作為身體的一部分。

孩子的自慰行為通常會在持續幾週後消失。如果孩子別的事都不顧、只是一味沉溺其中的話，就需要特別留意，但那樣的情況很少見。父母如果對自慰展現出負面的態度，孩子很容易認為性器是不好的、骯髒的，或者對進行自慰有罪惡感。

這和孩子看待大小便一事的態度很類似。父母在訓練孩子大小便時，一定要向孩子說明排便器官並不骯髒，而且是他寶貴身體的一部分。倘若孩子認為排便器官是骯髒的，也有可能會對性器抱持成見、認為性器是骯髒的。

自慰並不是需要感到羞愧的事，而是一個人發展出健康性價值觀的過程之一。請爸媽要將孩子的自慰行為視為孩子健全發展的其中一環。為此，父母必須先以平常心看待自己的性和自慰行為，才有辦法也以平常心看待孩子的自慰行為。

對於孩子所有與性有關的行為，很多父母是一律禁止的，並且可能在談及的同時大發雷霆又不多作解釋，這會讓孩子感到困惑。而且父母對自慰行為表現出的負面反應，會讓孩子對自慰行為產生負面想法，又因為父母不願意解釋，導致孩子無法得知被禁止的理由。如果孩子被禁止做某件事，有時候反而會變得更想去做做看。

父母可以稍微提醒孩子「太大力的話小心受傷」，因為性器是非常敏感的身體部位，過度觸摸或摩擦的話，病菌可能會趁虛而入，最好是在自然、舒服的狀態下進行，不要過度用力到讓性器受傷，也要讓孩子知道，不要在其他人面前進行。

父母如果因為孩子有自慰行為而責罵他、讓孩子心生恐懼，孩子可能會因為感受到壓力，以及為了守住自己的祕密，逐漸拉開與父母的距離，這將會是一種長期且難以消除的心理距離。

父母愈是禁止孩子自慰，孩子愈可能執著於此行為。所以，不需要設法去杜絕孩子的自慰行為，與其禁止孩子自慰，不如去了解孩子的感受和想法。父母的用心和心意，孩子會感受得到。父母也可以向孩子說明，關於自慰，有一些禮貌和注意事項需要遵守：

1. **自慰是正常的行為，但不宜在其他人面前進行（包括家人在內），應該要在能夠保障你個人隱私的空間裡進行。**
2. **進行前要先把手洗乾淨（除了有清潔的作用，冷水也具有降低性慾的效果）。**
3. **切勿過度大力地刺激。**

無意識地抖腳、揪頭髮或眨眼睛，都是很正常的行為，沒什麼好奇怪的。孩子的自慰行為也一樣。很多父母想盡辦法要消除孩子的自慰行為，但不管用什麼方法，孩子的自慰行為並不會因為這樣就停止。

自慰的行為，代表一個人正在行使性自主權，代表一個人決定要按照自己的意願，主動進行性方面的行為，而且隨時可以為之，也隨時可以停止或尋找其他替代方案。要知道，自慰是非常私人的事，即便身為孩子的父母，也不應該侵犯孩子的隱私。

另外，針對出現自慰行為的孩子，父母應該避免「對男孩比較寬容，對女孩比較嚴苛」的重男輕女態度。傳統觀念普遍認為女性在性方面應該要保守、純潔且有教養。但無論性別為何，人人都有性慾。父母必須注意自己對男孩和女孩進行自慰一事的態度是否有雙重標準，因為父母的態度很可能延續到孩子身上，導致孩子發展出扭曲的性價值觀。

改變孩子的生活環境

孩子可能會在某一天無意間體會到刺激自己的性器帶來的快感和樂趣。如果是男孩，他可能會觀察到愈去刺激、性器就會脹大的現象，以及自己在感受上的變化，而覺得新奇有趣，便想多嘗試幾次。所以孩子如果沉迷於自慰，一定是有原因的。

孩子會自慰的原因也有很多種，例如無聊、孤單、感覺不被愛或壓力大等，通常是因為找不到更有趣的事或更有趣的刺激。一個人如果對自己的生活有不滿足之處，也可能會出現自慰行為。因此，自慰可能是孩子內心出現空虛感的徵兆。所以當孩子沉迷於自慰，父母可以多對孩子付出關心和愛，多多陪伴孩子、幫助孩子體驗更多生活樂趣。如果孩子的活動量需求比較高，可以多帶孩子做些體育活動或遊戲。父母或與孩子較親近的大人都應該更積極主動，留意孩子是否經常過得很無聊。

孩子沉迷於自慰通常是心理因素造成的，因為感覺不被愛，內心焦慮不安而轉向自慰，於是透過對性器的刺激來撫慰自己。如果父母又因此懲罰孩子，將會給孩子帶來很大的傷害。

這時，孩子需要的是父母更多的關愛。請多抱抱孩子，對孩子表達自己的愛。愛就該直接表達出來，否則孩子不會明白。而且沒有孩子會厭惡父母的關愛。除此之外，也可以增加與孩子相處的時間，思考看看自己提供給孩子的生活環境，是否迫使孩子經常必須一個人消磨時間。父母也應審視自己和孩子的互動狀況是否哪裡出了問題，或是孩子對生活有什麼不滿之處。盡可能去了解孩子自慰的原因，並改變孩子的生活環境。

無論是何性別或年齡，性慾都是人類的基本需求之一。而在解決性慾的諸多方法中，自慰是允許我們以健全的方式愛自己身體的一種好方法。對於自身的需求如果一律採取迴避或心生罪惡感，都是不健康的狀態。每個人都應該懂得愛自己的身體真正的樣子。

自慰是我們用來表達自身性慾、一種自然、正常的行為，也是允許我們解決自身性慾的安全方式。由於性慾不會隨著年紀增長而消失，無論是小孩或老爺爺老奶奶，都可以藉由自慰滿足自己的需求。

自慰經常被認為是不好、不健康的，有很多毫無根據的說法到處流傳，例如「自慰會導致精神異常」、「自慰會讓性功能有問題」等。而關於自慰，孩子們最常問的問題是「會讓自己變笨嗎？」「會讓自己長不高嗎？」「會讓自己掉頭髮嗎？」那些都是無稽之談，沒有證據指出自慰行為對身心靈有害，只有在自慰過度、終日沉迷其中、已經影響到日常生活的情況下才會是有問題的，否則，自慰只是人健康成長的一環。

英國《獨立報》的一項研究更指出，自慰帶來的高潮能增加腦內啡的分泌，有助於抵抗憂鬱。澳洲雪梨大學公共衛生學教授桑特拉（Anthony Santella）與同事庫柏（Spring Chenoa Cooper）亦發現，自慰具有預防糖尿病、膀胱炎、攝護腺癌等多項疾病的效果。

看見孩子在自慰，你可以這樣做

如果看見孩子自慰，請不要大驚小怪，當場喊出聲並不是好的反應，也切勿質問孩子在做什麼，或從道德層面批評，讓孩子難堪。孩子誠實地面對自己的需求並不是壞事，父母一旦讓孩子開始否定自我，孩子就會產生羞愧感。但孩子需要的不是羞愧感，而是要了解自慰時應該遵守的禮貌和注意事項。

前面已經提到父母發現孩子自慰時能採取的應對方法，現在，只要從那些方法中再稍微進階一些。

父母如果打開房門、發現孩子正在自慰，父母和孩子雙方一定都會很慌張。我建議父母可以先默默關上房門，等過一段時間後再與孩子詳談，而且要盡快以父母的道歉來開啟對話。

如果是學齡以上的孩子，建議先向孩子說明：「媽媽（爸爸）要跟你說對不起，剛剛突然打開房門，嚇到你了，是媽媽（爸爸）做錯了。」父母先這樣說明，會讓孩子比較願意靜下來好好談談。

接著再進一步說明：「雖然媽媽（爸爸）也嚇了一跳，但這是健康的人都會有的行為，是很自然、正常的，你不用太擔心！」

這是一個讓父母和孩子拉近距離的好機會。孩子原本可能覺得羞愧、丟臉的事，父母如果予以認同，孩子會對父母產生更多信任。所以，父母如果打開房門後發現孩子正在自慰，請務必先向孩子道歉，那可能會成為增進親子關係的重要契機喔。

POINT

自慰的行為代表一個人正在行使性自主權，也是允許我們表達與解決自身性慾的一種安全的方式。父母應該以平常心看待孩子的自慰行為，並向孩子說明自慰時應該遵守的禮貌和注意事項。

減少孩子的仇恨言論，從父母做起

人們的仇恨言論大多來自日常生活，而且很多是關於少數族群或弱勢族群的偏見。無論是大人、還是孩童，都應該減少針對這些族群的仇恨言論。

女性作為性別中的弱勢，「拜金女」、「大媽」、「媽蟲（貶低專職育兒的媽媽，認為他們整天無所事事，只知道享樂）」等用語都是典型的仇恨言論。像是「身為女生，是對自己多有自信，還敢不化妝？」「女生過了三十歲還沒嫁就滯銷了」等說法，也都屬於仇恨言論。

孩子之間也會使用仇恨言論，例如「乞丐」，指無法付錢參加校外教學、家中經濟狀況較拮据的小孩；或用「你媽的」、「你老媽」來咒罵對方的母親；「小屁孩」則是貶低小學生等等。這是一個需要解決的問題，不該只是視為孩子間的次文化或玩笑。因為孩子使用仇恨言論時，並不清楚那些言論真正的意義以及針對的對象。如果孩子習慣性地使用仇恨言論，很容易會攻擊到他人並造成傷害。

孩子大多是從YouTube學習到仇恨言論的，但社會目前仍缺乏完善的法律機制來規範及制裁YouTube上的仇恨言論。孩子如果利用YouTube來學習、玩遊戲或聽音樂，很可能在無意間接觸、甚至學會YouTube上的仇恨言論，進而對孩子的語言使用習慣產生不利影響。

但要是父母完全禁止孩子看YouTube，孩子十之八九會變成偷看。因此，我會建議父母先冷靜地了解孩子平常看的頻道有哪些，再試著深入討論，幫助孩子分析那些頻道的優缺點。

小學高年級或青春期的孩子，說話可能會變得比較口無遮攔。這時，父母可能會聽不慣、愈來愈擔心、想盡辦法要控制孩子的嘴巴。但通常父母愈阻止，孩子會變得更叛逆。父母要明白，孩子說的話並不代表他這個人，千萬不要誤將一部分視為整體。父母如果只是一味責罵孩子：「你怎麼這樣說話？」「你是不會好好說話嗎？」這是非常危險的方式，因為很容易讓孩子覺得他整個人被否定、是有問題的。

當孩子出現仇恨言論時，父母應該明確地對孩子說：「○○，你知道你說的那些話真正的意義是什麼嗎？不可以因為你生氣就那樣說喔！那些話是有殺傷力的，會傷害到你跟對方。」並且持續與孩子進行對話，讓孩子自己領悟到仇恨言論為什麼是有問題的，好讓孩子不會再次使用。

而父母要改變孩子的語言使用習慣前，也務必先審視自己的語言使用習慣，孩子常聽見什麼，就很容易說出什麼，孩子脫口而出的話語，很可能正反映出了父母的語言使用習慣，請各位爸媽務必要留意這點。

發現孩子在看性愛影像怎麼辦？

人對「性」感到好奇，是健康、正常的慾望，不需要感到羞恥。父母要知道，孩子也可能對「性」感到好奇。

但是，用性愛影像來滿足自己對「性」的好奇不是適當的做法。性愛影像經常具有暴力的成分，孩子如果看了，可能會產生錯誤的性價值觀，孩子必須要懂得遠離。尤其性愛影像通常是成年人以賺錢為目的而製作出來的有害內容，讓孩子看見是很尷尬的。父母如果要針對性愛影像給孩子進行性教育，應該先以大人的身分向孩子道歉。

如果看見孩子正在觀看性愛影像，肯定會嚇一跳，但當下請務必保持鎮定。接著與看見孩子自慰時的做法一樣，先輕聲道歉、關上房門並退到門外。自己先深呼吸、平復一下，做好心理準備，再盡快找機會跟孩子好好談談。

談話的一開始，一樣要記得先向孩子道歉：「媽媽（爸爸）剛剛沒有先敲門就開了你的房門，真的很抱歉。」在那個當下，孩子一定也受到不少驚嚇，絕對不要採取逼問的方式和孩子溝通，而是應該先安撫孩子：「只要是人，都會對『性』感到好奇，你也一樣，所以媽媽（爸爸）能理解你會想去看性愛影像，沒有關係的。」

接著，要讓孩子了解到那些性愛影像的問題點。「你會想看性愛影像是很正常的，媽媽（爸爸）以前也看過，但我看了之後發現，性愛影像中有很多的問題。」並向孩子解釋，經常觀看性愛影像的話，大腦可能會變成「爆米花腦」，逐漸只會對於強烈的刺激才有反應，也可能有成癮的風險。然後，可以試著問問孩子：「你看了性愛影像後，有什麼感覺呢？」

倘若孩子的語氣顯得有點不服氣，可以邀請孩子：「要不要一起想想看，你和媽媽（爸爸）可以做出哪些約定，來幫助你不要對性愛影像成癮呢？」因為對於和爸媽商量好的約定，孩子比較有可能確實的遵守。

最後，也是很重要的一點，要先建立一個能讓孩子放心提問的良好親子關係，讓孩子明白「如果有什麼想知道的，隨時可以問爸爸媽媽」，也要讓孩子知道，性愛影像通常是成年人以賺錢為目的而製作的內容，並不代表真實的「性」。

父母務必讓孩子清楚地知道，真實、健康的「性」，與性愛影像之中不真實、不健康的「性」，兩者有何差異，並告訴孩子，真實、健康的「性」具有哪些特點。父母體驗過真實、健康的「性」，所以可以向孩子說明真實、健康的「性」，包含了愛、生命及快樂。

有些父母會全面禁止孩子使用手機和電腦，希望藉此讓孩子遠離性愛影像。這樣做也許在短時間內，孩子真的不會接觸到性愛影像，但孩子仍可以背著父母，尋找其他管道來觀看。但比起「孩子看了什麼」，更重要的是「孩子如何看待」。現在的孩子身處多樣化的環境裡，總有機會接觸到性愛影像，父母不可能因為在家裡管得很嚴就可以高枕無憂，沒有人可以保證你的孩子永遠不會接觸到性愛影像。

既然父母不可能永遠滴水不漏地防止孩子接觸性愛影像，最好的做法是培養孩子對性愛影像的判斷力，讓孩子就算接觸到，也能判斷哪些部分是有問題的。

有些父母認為，只有男孩才會看性愛影像，女孩不會有興趣，這也是一種偏見。現在即便是電玩或網路漫畫，都可能有大量的刺激畫面，任何性別的孩子經常看見那些畫面，都可能發展出不正確的性價值觀。

父母如果發現孩子觀看性愛影像卻假裝不知道，也不是一種好方法。現在的孩子生活在一個只要有心、隨時隨地都能找到性愛影像來觀看的時代，孩子很可能會去尋找更具刺激性或新類型的性愛影像而停不下來。所以，親子之間一定要有對話的時間。

孩子如果透過父母了解到何謂真實、健康的「性」，往後他不管接觸到什麼樣的性愛影像，都比較可能不受影響。所以，父母如果發現孩子看了性愛影像，務必要提供孩子足夠的支持與引導，幫助孩子遠離性愛影像所帶來的感受，並以健康的感受取代。

鼓勵孩子運動是不錯的方法。運動有助於消解性方面的能量，也會讓身體變得健康，進而讓心理層面有所變化，變得更有力量去拒絕性愛影像帶來的誘惑，同時也能提升自信心。

孩子不看性愛影像當然是最理想的，但就算看了，結果也可能依據父母的態度而有所不同。所以，如果發現孩子看了性愛影像，請別視為教育上的危機，而是教育的契機。

有些父母會因為孩子觀看性愛影像而進行體罰，以為這樣就能矯正孩子的行為，簡直大錯特錯。比起去改變自己的行為，孩子更會深刻記得自己被父母體罰時的羞辱感。無論出於什麼原因，父母都不應該體罰孩子，這是不對的行為。倘若你曾經體罰孩子，請仔細回想當時為何要體罰孩子，找出原因，並改掉那樣的做法，以防再次發生。

孩子就算不了解、做得不好或做錯了，父母都應該找其他方式教導孩子，因為那是你珍貴的孩子。如果你發現孩子觀看性愛影像後，情緒很激動，當下請不要直接找孩子溝通，也不用刻意尋找自己激動的原因，等回復平靜後，再冷靜地詢問孩子的狀況。

孩子步入青春期後，父母如果對孩子的事仍經常給予強烈的反應，並不是好的做法。有時候孩子自己在遇到各種狀況時，自己也會感到驚慌，父母應該捺住性子、退後一步。這不是要你假裝不知情，而是請你先等孩子平復下來，讓孩子自己有機會先梳理一遍內心。

父母也需要先找到自己內心的平靜，不要在生氣的狀態下找孩子溝通，先深呼吸，平復情緒，假如當下再怎麼嘗試都無法冷靜，對孩子的管教就應該延後。因為父母的理解和支持，對孩子來說是非常重要的。

父母的性行為被孩子看到，務必要道歉

在韓國，很多有小小孩的家庭，晚上睡覺時是全家人睡在同一間房間。於是父母一不小心就可能會發生尷尬的情況——無論是年紀多大的孩子，一旦看見父母進行性行為，內心都會大受衝擊。即便只有一次，也是難以挽回的錯誤，因此父母進行性行為時一定要格外小心。

進行性行為時，最好不要讓其他人看到。父母務必要養成進行性行為前先鎖門的習慣，並教導孩子走進父母的房間前，一定要有禮貌地先敲門、詢問能否進去，而父母要走進孩子的房間前也一定要先敲門。

不過，就算已經小心翼翼了，仍有父母被孩子看到了自己的性行為：「我把房門鎖起來，孩子卻從陽台的窗戶爬進來了」、「我明明已經鎖門，孩子還是想辦法打開了（可能是用筷子把門解鎖的）」、「我們確定孩子已經睡著了才開始的，沒想到孩子睡到一半醒來了」。

父母的性行為如果被孩子看到，一定要找時間和孩子好好進行對話。性行為是非常私密的行為，不適合讓其他人看到。有些父母會把孩子找來後，霹靂啪啦地說個不停，但那不是恰當的做法。如果被孩子看到，是父母沒有保護好個人隱私而導致的結果，是父母對不起孩子，所以父母一定要先道歉，再開啟後續的對話。

父母應該先向孩子道歉：「〇〇，爸爸媽媽對不起你，嚇到你了！」再詢問孩子：「你看到什麼了？你知道爸爸媽媽在做什麼嗎？」

不同發展程度的孩子可能會有不同的答案。孩子如果回答：「爸爸媽媽在打架」「爸爸媽媽在摔角」「爸爸讓媽媽覺得很痛」，請向孩子澄清，你們並不是打架，也不是會讓媽媽感到不舒服的情況，可以簡單地向孩子說明，這是恩愛的夫妻之間會玩的一種遊戲。

如果孩子已經長大到一定程度，可以向孩子解釋：「對不起，讓你嚇到了！爸爸媽媽彼此相愛，所以結婚了，現在也很愛對方，而我們表達愛的方式有很多種，有時候會用身體來表達愛，是我們兩個人都願意的哦！不用為我們擔心。」並觀察孩子如何反應。

父母的性行為被孩子看到，雖然會讓雙方都手足無措，但只要父母不逃避、冷靜地向孩子解釋，孩子也會逐漸理解的。我也建議父母可以進一步告訴孩子：「如果你對爸爸媽媽用身體來表達愛這件事感到好奇，隨時可以提問唷！」如果孩子提問了，建議父母不要用委婉表達的繪本來進行說明，而是選擇會如實展示性行為的書籍，但父母千萬不要自行推測，就向孩子解釋過多的細節。

有些父母會因為擔心被孩子看到而完全不進行性行為，這對父母而言也不是明智之舉，因為性行為是夫妻間互表愛意的一種方式。

要不要試試看聰明一點的方法呢？父母可以安排一天只有兩個人的約會，在飯店或其他地方度過專屬兩人的時光。倘若現實條件不允許，也可以尋找其他辦法，讓彼此可以放心地享受一段只有兩人的溫馨時光。

父母也不要因為性行為被孩子看到而過於自責，性行為本身並沒有問題，問題只在於不小心被孩子看到了。雖然會因為性行為被孩子看到而對孩子感到抱歉，但對於夫妻之間的關係，是不需要感到抱歉的。

與其禁止孩子談戀愛，不如給予引導

現在的孩子可能從小學就會談戀愛了，並大方向對方表達自己的愛意。我認為，孩子是有權利談戀愛的。對孩子而言，談戀愛是行使自主權的一種方式。父母如果不理解這一點，完全禁止孩子談戀愛或想干涉的話，孩子可能會覺得自己的主體性被剝奪，並對父母產生反感。

有些父母擔心孩子談戀愛，就會沒有心思放在課業上，或認為孩子談戀愛都是一時衝動、是不成熟的行為，不但無用還會妨礙課業。那些狀況的確有可能發生，但也有可能不會發生。只要孩子的主體性夠強，懂得主導自己的生活，就不會因為談戀愛而疏忽本業，也不會一味地為了迎合對方而對自己的生活毫不負責。

就算你是成年人以及孩子的父母，你也沒有資格去判定孩子的感情是否衝動、不成熟。如果父母基於自己的期待或欲念而去管束孩子真實體會到的情感，是很不恰當的。

父母總是希望孩子的人生只有好的經歷、沒有不好的經歷。這就是為什麼有些父母連孩子的戀愛也想掌控。但這種心意和做法並不總是對的，因為孩子有自己的意志、情感和喜好。

很多父母會阻止孩子談戀愛。但父母無條件禁止孩子談戀愛的話，孩子仍有可能偷偷地談，而且過程中無論遇到什麼問題，都不會找父母討論。所以，父母應該提供一個開放的氛圍和環境，讓孩子能放心、自在地向家人談自己的感情狀況。孩子愈是信任父母，就愈有機會以安全、健康的方式談戀愛。

韓國兒童及青少年心理諮商中心「Hug Mom」曾調查一百名育有五至十五歲孩子的家長，關於孩子談戀愛的想法。調查結果顯示，有六十四％的家長認為「不必要」，只有三十二％的家長認為「有必要」。而同樣的問題拿去詢問孩子，有八成的孩子是贊成談戀愛的，並且認為談戀愛的好處包括「有一個人站在我這邊」、「不會感到孤單」、「可以一起做想做的事」、「在學校時感覺更幸福」等，顯示出多數孩子對談戀愛是抱持正面的看法。

父母應該提供一個允許孩子談戀愛的家庭環境。可以像接納孩子的普通朋友一樣，接納孩子的戀愛對象，營造出自然的氛圍，也可以與孩子維持舒適且互動良好的關係，並讓孩子正正當當地談戀愛。

有一句猶太格言說：「要把墜入愛河的孩子關在家裡，比把一百隻跳蚤關在柵欄裡更困難。」孩子要談戀愛，不是家長想阻止就阻止得了的。父母也要知道，這是孩子的權利。請信任你的孩子，並適時給予引導，讓孩子毋須畏懼爸媽的批評，光明正大地談戀愛。

父母如果決定要認可孩子目前的感情狀況，可以先向孩子表達祝賀，讓孩子放心、公開地談戀愛。如果孩子主動告訴父母自己談戀愛了，父母可以這樣回應：「你有喜歡的人，媽媽（爸爸）很為你高興！你知道要和對方好好交往的話，有哪些需要注意的事情嗎？太好了，我相信你做得到！如果需要媽媽（爸爸）的幫忙，隨時都可以說哦！」

父母不應該去評斷或過度干涉孩子的感情狀況，讓孩子透過同儕間的互動，了解到何謂安全感與歸屬感，並學習建立及維持關係的方法。

父母如果懂得尊重孩子的感情，孩子也會信任父母。父母只需在旁當個演輔導員，傾聽孩子的感情狀況。即便孩子的戀情在父母看來可能像扮家家酒，似乎沒那麼重要，但在孩子眼裡卻是很真實、重要的人際關係問題。如果孩子能經歷一段健康的交往關係，他在人際關係上會學到更多。

孩子如果開始談戀愛了，父母需要適時給予孩子引導，幫助孩子以健康的方式談戀愛。首先，要讓孩子知道，和對方談戀愛並不代表你擁有對方，而是意味著你和對方建立並維持交往的關係。孩子如果認為和對方談戀愛就代表他擁有對方，那如果有一天孩子被對方拒絕，他有可能無法接受、變得蠻不講理，對交往雙方造成極大的傷害。

孩子如果和交往對象分手了，建議父母可以向孩子分享自己的戀愛經驗，告訴孩子「一段感情如何結束，比如何開始更重要」。孩子要接受自己和一個曾經有過許多回憶和感情的人分手的事實，雖然可能困難重重，尤其當自己是被分手的一方，所感受到的痛苦與背叛感可能更加強烈，或難以接受對方提分手的理由。

和交往的對象分手時，有一些禮貌需要遵守的。父母要讓孩子知道，提分手的一方應該向對方說明過去有哪些情況和感受讓自己決定提出分手，以及提分手的理由。讓孩子了解，這是人與人之間的禮貌，而且是對待一個和自己有過特殊緣分的人應該要有的禮貌。

而被分手的一方，應該盡可能地幫助自己、不要讓自己陷入陰影之中。一開始可能會很想否認，但繼續死纏爛打是不對的行為，應想辦法讓自己接受事實。倘若繼續一廂情願地聯繫對方，或散佈對方的負面謠言，就會明確構成暴力行為。父母應該幫助孩子，讓孩子的分手不會變成一次失敗的戀愛經歷，而是變成下一段感情的養分。

有些父母擔心孩子和交往對象會有過多的身體接觸。但比起由父母去界定孩子的身體接觸只能到何種程度，孩子和交往對象之間的合意更為重要。一段關係裡，身體接觸的進行與否以及程度，應取決於彼此合意，不僅要在徵得對方同意的前提下才能進行，更要在彼此能擔起責任的範圍內。而要建立一段關係，懂得向對方徵得同意和表達自己的情感，是必不可少的一環。

有人會認為，男／女朋友或妻子／丈夫的身體是屬於自己的，只要自己想要，隨時都可以向對方進行身體接觸。這種把自己的慾望看得比對方的意願還重要的態度，是有問題的。而如果對方已經拒絕、仍執意要求對方接受，將構成強迫和暴力。如果真的愛對方，就應該更加珍惜對方，並去思考如何縮小你與對方之間的分歧。

和對方談戀愛，不代表對方就要全盤接受自己想要的一切。孩子如果抱持這種錯誤態度，可能會在交往關係中犯下「約會暴力」。父母務必要教導孩子從小養成正確價值觀，以便發展出健康的交往關係。

父母在孩子談戀愛時可以提供的建議：

- **遵守與對方之間的約定。**
- **如何和對方商議約會開銷。**
- **不要因為談戀愛而忽略自己原本該做的事。**
- **要考慮對方的感受和尊重對方的界線。**

除了以上幾點，父母也可以分享一些對孩子有幫助的戀愛小技巧，適時引導，幫助孩子以健康的方式談戀愛。

第五章

孩子進入青春期，父母如何做準備？

迎接孩子的青春期變化

青春期並不是在固定的時刻才到來，每個人開始的時間不太一樣，建議爸媽要提早為孩子的青春期身心變化做好準備，尤其要事先了解第二性徵相關的知識，以便在孩子出現第二性徵及產生身心變化時，能不慌不忙地應對和引導孩子。

如何知道孩子已經步入青春期呢？有些父母認為是當孩子「以前很乖，但最近開始不聽話」、「開始會關上房門」、「經常戴著耳機、不聽我說話」的時候。雖然每個父母和青春期孩子的互動經驗不盡相同，但從上述幾個案例可以歸納出一個共通點——孩子開始有自己的「界線」。

通常在青春期前，孩子是透過照顧者的觀點來看待這個世界；但步入青春期後，孩子會開始尋找屬於自己的觀點，這個過程可說是孩子邁向心理獨立的初期階段。而且在青春期之前，孩子大多數的時間是和父母一起度過；步入青春期以後，孩子會變得比較喜歡和朋友在一起。

「中二」、「小四[1]」這兩個詞經常用來形容正值青春期的孩子，卻是在將青春期孩子的特徵「標籤化」甚至「病徵化」，很容易讓人認為「要理解青少年很困難」。而當我們告訴自己「青春期的孩子就是那樣」時，我們也將原本能和孩子溝通的那一扇門關了起來。

青春期是人的身心都會產生變化的一段時期，身體的變化較可見、容易被注意到；心理上的變化卻難以察覺，因此父母一定要花時間正確地認識「青春期」。

青春期時，主宰情緒的器官會迅速發展，導致孩子的情緒變化頻繁，甚至嚴重起伏，討厭被別人管，也很容易因為小事感到不安或憤怒。青春期的孩子體驗到的情緒十分多變，這是很正常的。青春期一直都被視為孩子的「叛逆期」，但如果改為「成長適應期」，應該會更貼近真實情況。

青春期的孩子可能會擔心自己感受到的情緒是很奇怪的。因此，我建議父母要提早讓孩子知道，步入青春期後可能會感受到很多不同的情緒，有些情緒甚至難以用言語形容，但那其實都很正常。

父母也應該在此時期，盡可能地去理解和接納孩子的情緒變化。如果不去了解孩子的心理狀態，在與孩子的互動過程中很可能會無意間傷害到孩子。而父母如果在此時期管教愈來愈嚴厲，可能導致孩子更刻意的叛逆。

1 編按：由於近年韓國校園暴力事件，似乎提早到小學四年級就開始出現，因而在韓國社會開始有此說法。

我遇過一個孩子，說他爸爸管他管得太過火，在他和朋友講電話時也要插嘴、每天檢查他的手機、批評他的穿著、不停嘮叨要他去念書等，讓他很想離家出走。父母對孩子的行為和叮嚀雖然大多是出於愛以及「我是為你好」，但爸媽務必要從孩子的角度思考一下，那些叮嚀是否合宜。

青春期時，掌管理性思考的前額葉發展速度會慢下來，使情緒管控變得較困難，容易出現一些以前沒有的情緒和行為。不只家長，孩子自己也會感到陌生和慌張。但這是很正常的成長過程，不必太過緊張，只要留心觀察即可。如果正值青春期的孩子因為情緒劇烈起伏而適應困難，父母可以和孩子聊聊緩解情緒的方法，或分享自己如何緩解情緒。這樣的對談，也可以讓親子之間的心靈變得更靠近。

青春期的孩子可能有許多行為會讓父母看不慣，建議父母要時時告訴自己「這都是有可能發生的」，盡可能地接納孩子，這也是在培養自己面對孩子身心變化的能力。比起說了什麼內容，青春期的孩子對表達的方式更敏感。而且父母管教愈嚴、愈疾言厲色，孩子愈想反彈。

隨著孩子步入青春期，不得不適應各種身心變化，父母應該尊重孩子每個當下最真實的狀態，讓孩子在生活中練習自己做決定，找到未來方向。

青春期無論是對親子而言，都是需要嘗試與練習的重要階段。

第二性徵教育，小學低年級就可以開始

人類會在青春期時開始發育第二性徵。對於第二性徵，與其在青春期開始後才做準備，不如從小學低年級時就先開始。如果孩子在未準備好的狀態下迎來身體的劇烈改變，可能會慌張、不知所措。雖然也有個體上的差異，但人通常會在小學高年級時發育出第二性徵。因此建議父母在那之前，從小學低年級就開始教導孩子認識青春期的身體變化。

每個孩子面對第二性徵出現的態度和方式都不太一樣。父母如果等到孩子出現第二性徵後才告訴孩子：「那我們從現在開始吧！」才要教導孩子認識青春期身體變化的話，就太晚了，最好提前告訴孩子，讓孩子先做好心理準備，父母也有責任幫助孩子以健康、正面的態度迎來第二性徵，以及養成對自己的身體負責任的態度。當孩子知道自己的身體是如何構成、該怎麼使用，才能平安健康地長大。

而且很多時候即便已經知道理論了，現實生活中仍可能經歷到不同於理論的狀況。因此，父母務必多加留意孩子的狀況，並且具體地教導孩子。就像要成為一名合格的駕駛前要先接受訓練、通過測驗一樣，在迎來第二性徵之前，讓孩子先做好準備。

第二性徵的出現，意味著開始對「性」、「生殖」等感到好奇，也會逐漸形塑出對「性」的觀念和態度。而且青春期孩子的另一項特點，是會依據性別不同重新看待身邊的人，區分出「同性」和「異性」。因此這段時期的教育關鍵，在於正確地理解「性」。

小學高年級以後，孩子的好奇心會快速增長。女孩會好奇月經什麼時候來、何時開始要穿胸罩；男孩會想知道什麼是割包皮手術、變聲、陰毛，以及為何偶爾早上醒來會發現內褲濕濕的。孩子有這些好奇，代表他正依據自然的發展過程健康地長大，並開始對自己的身體有所覺察。父母的重要任務，就是要替孩子解惑。這時候，和孩子談談第二性徵、滿足孩子的好奇心，有其重要意義。

建議可以這樣向孩子說明：「進入青春期之後，你的身體會產生很多變化哦！這是很神奇的一件事，爸爸媽媽小時候也經歷過。你會慢慢長高，長出更多的肌肉和脂肪，體重也會慢慢增加。不過每個人的情況都不一樣，沒有人知道身體會從什麼時候開始變化，變化的順序也因人而異，身體會按照它想要的順序來產生變化哦！所以從現在開始，我們要一起做準備，迎接你身體的變化。接下來你要多多觀察、留意自己的身體，知道了嗎？」先讓孩子明白，他的身體會逐漸產生變化是很自然、正常的現象。

出現第二性徵後，孩子會認為身體代表了自己，而對於自己的身體，孩子抱持的可能會是正面、也可能會是負面的看法。如果抱持正面看法，無論自己是腿長腿短，毛多還是毛少，孩子都會懂得珍惜與接納自己的一切，不會畏懼他人的眼光。因為他會知道，只要自己認同自己就足夠了。

所以各位父母，請培養孩子不畏懼他人眼光、懂得愛惜自己的態度。

青春期男孩的身體變化

男孩發育出第二性徵後，骨骼與肌肉也會愈來愈發達，使體格迅速壯大。因為男孩在青春期會大量分泌男性荷爾蒙「睪固酮」(Testosterone),使骨骼、肌肉與性器快速發育,肩膀變寬,身體各處(性器周圍、腋下、腿)也會長出毛髮。

關於陰毛,有幾點必須注意。陰毛生長於性器、大腿內側間及肛門周圍。由於性器十分敏感而脆弱,因此周圍會長出陰毛來保護性器。有點類似鼻毛在鼻腔中,能在呼吸時過濾掉空氣中部分有害物質來保護鼻腔,陰毛也具有保護性器的作用。想像一下,在柏油路上摔倒和在草地上摔倒,會有什麼不同?在草地上摔倒時,受的傷會比在柏油路上摔倒輕微一些,我們的陰毛正是以相同的原理在保護性器。

人的毛髮會受到遺傳與荷爾蒙影響,每個人的生長狀況不太一樣,陰毛也會有不同的粗細與鬈曲程度。男孩的陰毛通常會在夢遺發生前就開始長,隨著陰毛長出,鬍鬚也開始長出。同時陰莖與陰囊會逐漸增大,顏色也會加深。

陰囊之所以位於體外,是因為囊內負責產生精子的睪丸怕高溫,如果處在相當於體溫的環境下,會難以產生正常的精子。位於體外的話,睪丸的溫度便會略低於體溫。

有些孩子會在十歲前或青春期早期經歷生長痛。生長痛大多發自腿骨,大腿、小腿會出現疼痛症狀,發生時間經常在午後或晚上,可能晚上睡到一半會痛到醒來。這時,可以替孩子做一點按摩,有助於緩解生長痛。

青春期好發的青春痘(又名痤瘡)大多起因於內分泌失調,不了解這一點的人常會誤以為是臉沒洗乾淨,或沒有好好保養皮膚。但青春痘的主因並非清潔問題,而是人在成長過程中很容易面臨的狀況。孩子如果不了解這一點，可能會去取笑有青春痘的人，或為了自己的青春痘而煩惱。父母應該要教育孩子，取笑別人的身體症狀是不對的行為。對於彼此的身體，「尊重」是非常重要的基本原則。

隨著身體逐漸成長，男孩的聲帶也會變厚、變長。聲帶是負責發聲的器官，一旦變厚、變長，聲音就會變得比較低沉，這就是為什麼許多青春期男孩會經歷一段變聲期。相較之下，青春期的女孩較少出現明顯的變聲。

青春期的另一項身體變化是汗腺的分泌增加，體味可能變得較明顯。無論是男是女，都可能出現體味，嚴重者又被稱為體臭或狐臭，尤其是腋下、頭頂及性器周圍。

孩子如果有體臭的困擾，十之八九其父母當中至少有一人也會有體臭的困擾，因為體臭會受家族病史影響。若體臭很明顯，在群體中可能會受到很大的壓力，朋友也可能會因為體臭而疏遠你。如果孩子面臨這種情況，父母應該和孩子一起尋找合適的方法來改善，像是勤換衣服、勤洗澡、保持身體乾爽，或塗抹可抑制細菌繁殖的抗生素藥膏。

很多人以為只有女孩才會在青春期發育乳房，事實上，有些男孩也會在青春期發育乳房。男孩到了青春期，胸部如果變得比其他同齡男孩還要大，或疑似有小腫塊的話，都是頗為常見的現象，不必太過擔心，這個現象通常只會持續幾個月到兩年左右，只要過了這段時期，症狀就會逐漸消失。爸爸媽媽務必要解釋給孩子聽，以免孩子擔心。倘若孩子仍會擔心，帶孩子去看醫生、解除孩子的疑慮，也是很好的方式。

很多男孩會煩惱自己的陰莖過大或過小，或陰毛比別人多：「我的陰莖怎麼這麼小？」「我的毛怎麼會這麼多？」建議爸爸媽媽要告訴孩子，陰莖的大小並不重要，重要的是第二性徵的出現，代表他即將長大成人。

有些父母則會擔心第二性徵的發育導致孩子長不高，這樣的觀念如果傳給孩子，可能會導致孩子負面地看待第二性徵。但第二性徵的發育是很自然的現象，擔心孩子因此而長不高或無法專心於課業，不過是徒勞。身高不只會受遺傳影響，也會受生活習慣影響。父母應該讓孩子懂得透過良好的飲食、睡眠及運動習慣來照顧自己的健康，並且正面地看待自己的身體，愛惜自己身體本有的樣貌。

父母要幫助孩子學會去愛自己的身體每個當下的狀態，事先了解男孩出現第二性徵後可能會發生的身體變化，幫助孩子做好準備。

青春期女孩的身體變化

女孩步入青春期後也像男孩一樣，體格逐漸變大，與性功能有關的身體部位開始發育。女孩主要會大量分泌女性荷爾蒙「雌激素」（Estrogen），使乳房變大、月經來潮，並形成週期。

女孩的第二性徵之中，最明顯的身體變化是乳房的發育與性器的轉變。由於雌激素會讓脂肪與皮膚變得更大、更膨潤，且乳房有九成是由脂肪組織組成，乳房會開始有腫脹的現象，乳暈和乳頭逐漸突出，代表乳房將要開始發育了。而隨著乳房逐漸變大，乳頭的顏色也會加深。

這段時期，建議父母要多和孩子溝通，陪孩子選擇合適的胸罩。

若孩子經常煩惱自己的乳房太小、沒變大或者太大：「我的胸部怎麼這麼小？」「為什麼都不會變大？」「胸部這麼大，丟臉死了！」父母要讓孩子知道，每個人的身體都不一樣，這世上本來就有胸部比較大的人，也有胸部比較小的人；有些人發育速度快，有些人發育速度比較慢。

關於第二性徵，女孩也常常擔憂：「我性器周圍的顏色看起來好奇怪！」「我的性器怎麼好像有怪味？」「為什麼只有我還沒開始有月經？」「我兩邊的乳房不一樣大！」等等。父母應該讓孩子明白，第二性徵的發育並不是像機械量化那樣精準，每個人的發育速度不一樣，成長狀況也因人而異，不需要拿自己與他人比較，而是要有自己的標準。

經歷著前所未有的身體變化，孩子不免會變得敏感、充滿擔憂。為了讓孩子安心健康地長大，父母可以先與孩子談談第二性徵會有的變化。像是有很多孩子會煩惱自己兩邊的乳房不一樣大。但如果仔細一看，會發現每個人的兩眼、兩耳、雙手雙腳都不一樣大，人的身體沒有哪一個部位是一樣大小、完美對稱的，乳房也不例外。

步入青春期後，陰唇也會產生變化。不僅顏色從原本的粉紅色變成比較暗的顏色，也會開始長出陰毛。以前常有毫無根據的說法，說陰唇的顏色愈暗，代表性經驗愈多，這完全是無稽之談。就像身體其他部位一樣，陰唇的顏色與外觀、陰毛的粗細與鬈曲程度都因人而異。關於陰毛，也可以參考上一篇「青春期男孩的身體變化」裡的說明。

陰道分泌物會在月經初次來潮的六個月到一年前開始出現，因此父母可以據此預測孩子的月經是否即將到來，並提早告訴孩子：「出現分泌物的話，代表你快要開始有月經了！如果月經來了，要讓媽媽知道喔！」

雌激素的增加會促使白帶分泌，幫助調節與維持陰道內正常的酸鹼值。白帶為淡白色或淡黃色的黏稠液體，通常在月經來潮前出現，是所有女性身體都會出現的正常分泌物，也是維持女性健康必不可少的重要分泌物。如果出現白帶，代表身體的性荷爾蒙正常運作中。但如果長時間分泌，就有可能罹患了陰道炎，建議前往醫療院所進行檢查。要注意的是，陰道炎不一定與性經驗有關，請勿因此誤會孩子。

有些孩子會莫名地對身體的分泌物感到不舒服、甚至厭惡，期待身體沒有任何分泌物，甚至過度清潔性器；有些父母也會以清潔為由，建議孩子使用清潔劑來清洗性器。然而，要身體不出現任何分泌物是不可能的，而且出現分泌物代表身體狀態是健康的。

陰道天生就會產生分泌物來進行自我清潔，具有良好的自淨作用，並不需要額外使用清潔劑清洗。如果過度清洗，反而可能將保護性器的常在菌也殺死，甚至感染不好的菌種。父母要好好向孩子說明正確的清洗方式：不建議使用肥皂或清潔劑，只要用溫水清洗陰唇與陰道口、每天一到兩次就可以了。

青春期時，身心會產生許多變化，各種不同的情緒交雜，第二性徵出現，也使身體產生明顯的轉變。這些變化是人類天生就有、都會經歷的，我們應該接納這樣的自己，提早做好準備。

POINT

青春期是一段充滿身心變化，需要適應的成長過程，父母要接納孩子這段時期的所有起伏與變動，並幫助孩子學會正面看待身體的變化。

夢遺是自然的生理現象

睪丸是產生生殖細胞「精子」的地方，每天會產生一定數量的精子。精子與多種營養素混合後形成精液，由陰莖射出體外，這種現象稱為「射精」。「滑精」是指清醒時不自覺地流出精液的現象，通常發生於從事強度較高的活動或運動時，例如突然用力或提舉槓鈴等。如果是在睡眠途中不自覺地射精，則稱為「夢遺」。

夢遺是自然的生理現象，不是只有青春期才會發生，健康的成年男性也會發生。夢遺與個人意志無關，不一定是作了春夢，也不一定是因為在睡覺時產生性快感而發生。雖然有可能會和春夢同時發生，但春夢本身並不一定是原因。之所以稱為「夢遺」，僅僅因為是發生在睡夢中。

父母要向孩子解釋夢遺的現象，可能會遇到一些困難。但就像解釋青春痘的成因一樣，只要讓孩子清楚知道，夢遺是身體自然發生的一種生理現象。尤其在青春期，前列腺和精囊腺尚未發育成熟，吸收能力不足，精液會停留在精囊中。而人在睡著時，抑制中樞神經系統的力量會減弱，使得射精中樞不受抑制，精液便會不自覺地排出。

父母可能會想知道孩子發現自己內褲濕掉時會不會感到疑惑，或是看到孩子經常換洗內褲時，猜測是否經歷了夢遺現象。但父母如果直接詢問、或擅自翻看孩子換下來的內褲，並不是適切的做法。若孩子發生夢遺，自己可能也會感到困惑和慌張。父母應該教導孩子，事後記得要清洗自己的陰莖，並將內褲洗乾淨、整理妥當。

父母也要留意，別因為孩子換洗內褲的次數變多就責備他，因為孩子可能正獨自面對身體的變化，又難以向父母啟齒。這時父母只要說一句：「內褲有幫你買了很多件喔！」就很足夠了。

父母如果看見孩子因為夢遺而濕了的內褲，請以健康、正面的態度看待：這代表孩子正在健康地長大！但我也希望父母不要因為孩子發生夢遺，就告訴他：「你從此以後就是一個真正的男人了！」這種話，因為不論有沒有發生過夢遺，他都是一個真正的男人，並不是所有男性都會發生夢遺。

還有一些孩子會負面看待夢遺，認為這很丟臉、擔心之後還會發生，或對自己夢遺感到內疚等。因此，父母有必要先向孩子好好說明，夢遺是他正在成長的標誌，幫助孩子正確地理解夢遺。讓孩子清楚知道：「這代表你正在健康地長大！」

勃起是自然的生理反應

人的身體會因為外在刺激而產生不同反應。像是天氣變化時，熱就會出汗，冷的時候身體會發抖。男性的勃起，也是身體對外在刺激而產生的反應。如果你對勃起有錯誤的理解，可能會認為勃起是很奇怪或令人作嘔的。但事實上，勃起只是人體自然的生理反應之一。

勃起只會在有性意圖時發生嗎？胎兒的勃起能說是有性意圖嗎？早上醒來時的勃起，又該如何解釋？

勃起並不是只發生在有性興奮的時候，睡眠途中也可能勃起，這有可能與一個人的意念毫不相關。勃起是性器在充血後脹大，變得比較硬挺和筆直。就像在橡膠手套裡灌水後，原本扁平的手指部分會膨脹起來一樣。

勃起是自然的生理反應，任何年紀的人都可能會勃起，尚未出世的胎兒也可能會勃起。人們通常認為只有男性才會發生勃起。但事實上，女性也會發生勃起，只是不像男性的勃起那樣明顯可見。就像女性的經痛一樣，每個人的勃起都有程度上的差異。

我的小兒子曾在五歲大時，某天早上起床後跑來我面前，指著他的陰莖說：「媽媽！我的小雞雞長高了！」想必是因為第一次看到陰莖變得脹大、硬挺，讓他感到很新奇，於是特地跑來給我看。我向他解釋，那代表陰莖正在健康長大，接著問他：「那麼，哥哥的小雞雞也會長高嗎？爸爸呢？媽媽呢？」最後引導他理解，無論是男生或女生、年紀多大，該部位都有可能會脹大。

孩子看見自己的身體出現變化，肯定會感到新奇，才會二話不說就跑到媽媽面前展示自己看見什麼。父母這時的反應如果是斥責，會讓孩子以後對自己身體產生的變化難以接受或羞於啟齒。因此面對這種狀況，請爸媽不要過度反應，自然的生理反應不是該被斥責的事，而且人的身體沒什麼需要感到噁心的。

父母可以向孩子解釋陰莖為何會勃起，並讓孩子知道那是自然的生理反應，代表陰莖正在健康長大。也要提醒孩子，將自己勃起的陰莖給別人看是不恰當的行為。

青春期男孩可能會因為突然勃起而感到困擾，例如在學校或其他公共場合裡突然勃起，感到不知所措，或被朋友發現後備受嘲笑。在勃起的當下，孩子可能會想方設法要讓陰莖恢復到平常的狀態，例如唱國歌、進行二位數心算、想像被母親責罵或戰爭的慘狀等，無所不用其極。

面對這樣的情況，實在很難說有所謂的正確答案，只能根據當下的情況臨機應變。像是拿書或包包遮住勃起的部位，要是有辦法坐下，也可以翹腳遮住。如果剛好穿了長一點的上衣，就用上衣遮住，或是拿另一件衣服綁在腰間。要是能夠離開當下的場合，就先到角落或洗手間裡稍待，直到勃起停下來。千萬要切記，不要因為太心急而去強壓勃起的部位，否則性器可能會受傷。

最後要注意的是，有些孩子可能會問：為何他的陰莖是歪的而不是直的？但這世上沒有人的陰莖是完美地正中且筆直的。無論是勃起前或勃起中，陰莖都有可能是歪斜的。家長如果沒有向孩子說明清楚，孩子可能會為此而煩惱不已。請務必讓你的孩子理解這一點。

讓孩子自行決定是否要割包皮

凡是育有男孩的父母，或許都會煩惱：該不該帶孩子去割包皮？若是，何時進行比較好？以前有很多人認為割包皮是成為男人的必經過程，很多父母會直接帶孩子去割包皮，特別是很多人認為，這樣的手術應該趁孩子還感受不到太多疼痛時進行，例如剛出生後不久。

過往有許多人認為，基於衛生考量，男性都應該接受割包皮手術；但如今，愈來愈多人改以生態學觀點來看待，認為自然的樣子即健康的樣子，我們應該接受身體原有的樣貌。除非有特殊緣由，例如成年後仍無法推開包皮露出龜頭，或包皮的開口過於狹窄、導致陰莖的血液循環受阻，這類需要進行醫療目的的割包皮手術，否則現今大多數的專家都認為，男性的割包皮手術並非必要。

韓國首爾大學物理學系金大植教授曾發表了韓國社會裡與割包皮手術有關的人權侵害案

例，震驚全球醫療界。他在著作《不需要割包皮》裡指出，男性的割包皮手術與女性的割禮一樣，不過是社會禮教下的產物。並強調無論男女，任何與性器相關的手術唯有在基於醫療目的時才有必要進行。

性醫學專家姜東宇博士也認為，男性的割包皮手術並非必要，而是一種選擇。性器的發育過程中本來就容易產生包莖的情形，倘若接受了割包皮手術，後續發育時反而可能發生包皮過少的情況，在發育上形成不利，所以並不建議接受割包皮手術。

割包皮手術可能會為孩子帶來恐懼，有不少孩子會在定好手術日期後表示自己很害怕。其實大多數男孩都可能在發育過程中發生包莖的情形，通常到二十歲以後，包皮與龜頭就會自然地剝離。也就是說，孩子究竟有沒有非自然產生的包莖問題，要到第二性徵發育完全後才能確定。父母應該耐心等待孩子的成長。

孩子如果問：「媽媽，為什麼我沒有割包皮？我的朋友全都有做，只有我沒有，好丟臉！我也要割包皮！」孩子如果只是為了模仿朋友，實在沒有必要。因為與自己身體有關的一切，應該要是自己能自主地選擇要或不要，不必隨同儕起舞。

當孩子出現這樣的疑問，父母有必要向孩子解釋為何沒有讓他割包皮：「媽媽（爸爸）跟你說明為什麼沒有帶你去割包皮。你的身體正在長大，性器也是。在長大過程中，大部分男生都會發生包莖情形，這是很自然的，但也有些人不會。到底是否需要接受手術，我們大概要等到你二十歲才能夠確定。所以媽媽（爸爸）是在等你長大，現在還不會帶你去割包皮，等你長大後再讓你自己決定。如果你真的想要現在就做，媽媽（爸爸）可以替你安排。可是，如果你只是因為朋友有做、就想要學他們的話，媽媽（爸爸）覺得這樣的想法不太對喔！」父母應該充分向孩子說明以上的考量，因為有很多情況是孩子無法設想到的，因此可以提供孩子足夠的資訊，讓他自己選擇。

孩子的身體屬於他自己，與身體有關的一切選擇和決定，都應該由身體的主人進行。孩子的身與心，都應該由孩子自己作主。父母所要做的，就是好好聆聽孩子的想法，提供建議，讓孩子做出自己的決定，以及經歷自然的成長與變化。

父母也要教導孩子如何保持性器的清潔，幫助孩子學會正確的清潔方法。沒有割包皮的陰莖容易因包皮黏膜分泌的潤滑液而產生汙垢，那些汙垢若未清乾淨，會產生難聞的氣味，因此洗澡時務必要留意包皮內側的清潔。

迎接初經的到來

第一次月經又稱「初經」。每個人初經到來的時間都不太一樣，會受種族、氣候、生活習慣及健康狀況影響。初經到來，代表孩子正在健康長大。

根據二〇二〇年《韓國醫學期刊》仁濟大學附設上溪白醫院兒科教授朴美貞研究團隊，其所進行的《青少年健康行為》線上調查，韓國女生迎來初經的年齡平均落在十二・六歲，較早的落在十・五歲，顯示初經年齡有逐漸提前的趨勢。

父母應該從何時開始為孩子的初經做準備呢？孩子如果開始長出陰毛，或體重超過四十五公斤後，就應該開始為初經進行準備了。有些父母以為只要替孩子準備好衛生棉就好了。但我建議，父母應該進一步去了解孩子對初經有哪些疑惑。例如，很多孩子想知道自己該以什麼心態迎接初經，以及如果初經發生在家以外的地方（例如學校）時，該如何處理。

父母如果在孩子迎來初經前先讓他知道一些必要資訊，孩子就能更安心地提前準備好，不會在當下驚慌失措，並且能正面看待自己身體的變化。這樣的教育，能幫助孩子懂得珍惜自己。

有些父母擔心孩子迎來初經後就不會再長高，對初經抱持負面觀感，但其實迎來初經後，仍然有機會繼續長高。女孩在開始發育乳房到迎來初經前，是身高成長最快速的一段時期；迎來初經後，成長速度會開始減緩，但並不是完全停止。如果因此就負面看待初經是不恰當的。父母應該將重點放在孩子的成長本身。

更重要的是，父母需在此時期教導孩子如何妥善照顧自己。第一次月經來了之後，一開始的週期可能會不太規律。如果在沒有攜帶衛生棉的情況下突然月經來，內褲可能會沾到經血。為了避免這種情況，父母應該教導孩子要在隨身攜帶的化妝包裡準備衛生棉與替換用的內褲。讓孩子親自挑選喜歡的化妝包，會是不錯的方式。

父母也要讓孩子知道，如果在學校時經血不慎外漏，可以去保健室拿衛生棉，月經來不是需要感到羞恥的事。如果有機會和孩子一起去超市，可以帶孩子到衛生棉專區，讓孩子練習選購衛生棉。此外，父母也要教導孩子正確處理使用過的衛生棉，要以衛生紙包裹起來並丟進垃圾桶，不可以沖進馬桶裡，否則會讓馬桶堵塞。

如果孩子覺得隨身攜帶衛生棉很麻煩，父母可以告訴孩子：「月經每個月都會來，有人二十八天來一次，有人三十天來一次。而且第一次月經來之後，一開始週期可能會不太規律，因為子宮還沒發育完全，有可能會少來幾次或突然就來了。在還沒辦法掌握月經週期前，隨身攜帶衛生棉以防萬一比較好。」幫助孩子學會正面看待身體的轉變，不要覺得厭煩，並了解初經是成長的象徵，代表自己正在健康長大。

凡是第一次經歷的事，都會讓人既緊張又擔心。因此父母面對孩子初經來潮的重點，就是要先讓孩子知道初經來之前會有的症狀，以及月經來了但身上沒有衛生棉、發生經痛、經血外漏時可以如何應對。如果經血外漏時人在學校，就到保健室求助、穿上乾淨的運動服，或者朋友如果有多的衣服，可以向對方借來換穿或遮住臀部，自己也要養成隨身攜帶袋子的習慣，以便將換下來的衣服帶回家。

同樣地，我也希望父母不要因為孩子初經來了，就告訴他：「你從此以後就是一個真正的女人了！」這種話，不論是迎來初經或甚至已經停經，他都是一個真正的女人。月經不是用來認定女性身分的標準。

孩子如果知道朋友已經迎來初經、自己卻還沒來，可能會想知道自己的初經什麼時候會來，或擔心是不是只有自己晚來。父母要好好向孩子說明，每個人初經到來的時間不太一樣，會受健康狀況、生活習慣等因素影響。親子可以一起討論如何正確看待初經；初經來時身上若沒有衛生棉，可以向誰求助？並且了解如何妥善照顧自己與保持衛生。提早做好準備，就可以讓孩子以正面的態度迎接初經到來。

月經是自然的生理現象

提到「生理現象」你會想到什麼？放屁、打嗝、打噴嚏、大小便……這些都是「生理現象」，也就是是身體自然會出現的反應。「生理期」這個詞也是從「生理現象」衍伸而來的。但比起「生理期」，我更建議使用「月經」這個詞。很多人習慣說「生理期」取代「月經」，但這不是準確的說法，因為生理現象有很多種，「月經」是眾多生理現象的其中之一。因此，稱之為「月經」會更準確，希望未來有更多人使用「月經」這個準確的稱呼。尤其父母更該以身作則。

月經並不是什麼需要感到丟臉或隱瞞的事，這是女性生命中的一部分，父母應該教孩子正面看待月經。有不少孩子會負面看待月經，例如擔心月經來時很難好好上體育課，或無法安心地從事水上活動，認為月經來潮很麻煩。父母要向孩子說明，月經是女性的身體自然的生理現象，月經來潮，代表他正在健康長大。

關於月經，有些父母只會簡要地向孩子說明「會有血流出來」，於是有些孩子會擔心地問：「老師，血通常是紅色的，為什麼我的經血是咖啡色的？我是不是生病了？」建議父母不要只說「會有血流出來」，而是要向孩子說明經血會有紅色、咖啡色等不同顏色。

經血排出體外、遇到空氣中的氧氣後，血液中的鐵質會開始氧化，使顏色加深。隨著排出體外的時間愈久，經血顏色會愈深、愈暗，而且可能會腐壞，所以也要注意避免長時間使用同一片衛生棉。

有些孩子會擔心月經來潮時身上會有不好的味道，但那不是經血本身的問題，而是經血遇到氧氣、開始氧化才會產生不好的味道，父母也要讓孩子知道這一點。

父母可以和孩子一起準備月經期間的必需物品，並向孩子說明使用方法。現在除了衛生棉，也有愈來愈多女性選擇用衛生棉條或月經杯，或使用「月經褲」這種能直接吸收經血的內褲。我很鼓勵母親找時間和女兒一起討論，幫助女兒找到適合自己的經期用品。

父母也應該讓孩子知道月經前後可能出現的症狀及應對方法，例如腹痛、消化不良或拉肚子等，否則孩子可能會受那些症狀影響而焦慮不安。但有那些症狀並不代表他生病了，而且每個人的症狀可能不太一樣。

如果有經痛症狀，父母應該幫助孩子學會以適當的方式緩解。經痛是許多女性的一大困擾，嚴重時不僅下腹痛，還可能出現嘔吐症狀。醫學調查指出，大約八十三%的女性都有經痛困擾。

《韓國婦產科醫學會會刊雜誌》二〇一七年〈韓國青少年經痛與經前症候群〉研究指出，有七十八．三％的調查對象每個月都會經歷經痛症狀。《美國家庭醫師學會期刊》的一篇論文則指出，經痛是女學生缺課的一個原因，而且對育齡婦女而言，經痛是很大的問題。由此可見雖有程度上的差異，但可以確定的是，許多女性都為經痛所苦。

經痛為何會發生？子宮在一般情況下的重量約是三顆網球、大小如一顆雞蛋，懷孕時子宮則會變得像西瓜一樣大。構成子宮多數部分的肌肉，會在分娩時發揮將嬰兒向外推出的作用，在每次月經來潮期間則會進行收縮，將子宮內膜向外排出。倘若收縮的力道過於強烈，便會產生疼痛，也就是經痛。每個人對經痛的反應和敏感度都不同，甚至同一個人每個月對經痛的反應和敏感度也可能不同，例如，上個月月經期間痛得難以忍受，這個月卻沒那麼嚴重。

月經期間之所以容易拉肚子，是因為腸道和膀胱距離子宮較近，容易受到刺激。因此，建議月經期間要調整飲食習慣，多吃溫熱的食物，少攝取咖啡、多喝水。經痛通常會從月經來潮前的幾小時開始，持續二至三天，然後逐漸消失。做一些熱敷或按摩，會有助於緩解疼痛。

經前症候群則是指月經來潮的前幾天所產生的身體不適與情緒起伏等身心症狀。身體不適包含消化不良、乳房脹痛、頭痛、腰酸背痛等，情緒起伏可能是焦慮感、憂鬱感襲來，以及情緒起伏加劇，這些主要是體內荷爾蒙的變化所導致。

約翰．威莫（Johannes Wimmer）是德國的一位醫師、YouTuber暨電視節目主持人，致力於向大眾傳遞健康與醫學相關的知識。他在著作《認識我們體內的荷爾蒙》（Meine Hormone）

裡提到，女性體內的雌激素分泌量會隨月經週期的演變而產生很大的變化，導致情緒也有所起伏，例如原本高興得像要飛起來，沒過幾天又憂鬱得無精打采。

可見月經來潮前後的情緒起伏，是受體內荷爾蒙分泌量變化的影響，與一個人的品性或性格無直接關聯，我們應該避免產生誤解。

也有些女性認為止痛藥對身體不好，即使經痛很嚴重也一直忍著，絕不服用止痛藥。然而，用來緩解經痛的止痛藥並不會產生耐受性，亦無成癮性、依賴性的問題。醫學專刊《HiDoc》指出，用來治療經痛的止痛藥是屬於「非成癮性」止痛藥，而且藥物不會產生耐受性，也就不會有成癮性、依賴性的問題。反之，如果一直忍痛而導致自己壓力很大或生活上處處不便，反而有可能會對經期造成不好的影響，形成惡性循環。因此，如果經痛嚴重，與其忍著，不如服用一些止痛藥。

事實上，能有效緩解經痛的方法，每個人都不太一樣。建議父母與孩子一起多嘗試不同的方法，找出適合自己的。像是熱敷下腹部、吃點溫熱的食物或飲品來促進血液循環等，都是不錯的方法。月經期間如果下腹部受到壓迫，經痛可能會變得更嚴重，所以建議下身穿得寬鬆舒適一點；翹腳亦會對腹部造成壓力，建議盡量保持端正的坐姿。如果嘗試了諸多方法、服用止痛藥後，疼痛依然存在，建議前往婦產科尋求詳細的診斷。

帶孩子一起選購合適的胸罩

女孩步入青春期後，乳腺會開始發育，使乳房逐漸隆起，因而開始需要穿胸罩。有些女孩大約九歲就開始穿了，有的女孩上了國中後都還沒開始穿。這是因為每個女孩的發育狀況和對穿胸罩的看法都不一樣。

女孩的胸部如果開始稍微隆起，就可以開始選購與穿戴胸罩了。這時，多數人都會有乳房脹痛或乳頭下方出現腫塊的現象，這是胸部發育的自然現象，父母可以向孩子說明，不必過於擔憂。乳房如果被壓迫或晃動、進行激烈運動時，或穿到尺寸不合的胸罩，都有可能引發乳房疼痛。

如果穿到太緊的胸罩，尤其是鋼圈胸罩，可能會阻礙乳腺組織的發育。通常女性選擇穿鋼圈胸罩有兩個原因：美型或治療，目的都是為了改變胸部的外型，而不是為了穿戴的舒適。但鋼圈胸罩會將乳房過度上提或聚攏，或對胸部形成過度的壓迫而引發疼痛，這些對乳房發育都會造成不良影響。而且胸罩裡的鋼圈若刺穿布料，也可能刺傷胸部。除非是為了治療，否則不太建議穿鋼圈胸罩。

關於胸罩的穿戴也有一點必須了解。雖然人們普遍認為「女性都應該穿胸罩」，但事實上，一個人要不要穿胸罩，應該取決於個人的選擇。整天穿著胸罩、被束縛著，絕對不是太舒服的體驗。倘若在炎炎夏日又更痛苦難耐，所以近幾年開始有人改穿運動內衣或胸貼來代替，平時可根據當天的外衣來選擇不同內衣，或甚至不穿也可以。

以前沒穿胸罩會被特別指稱為「無胸罩（No Bra）」，最近則開始有人將有穿胸罩刻意稱為「有胸罩」，以強調穿胸罩不是女性非做不可的事。**與其點出某些人沒穿胸罩，不如正面表述也有人穿——胸罩並不是女性非穿不可的衣物。**

父母要讓孩子知道，要不要穿胸罩是他可以選擇的。孩子如果決定要穿胸罩，請引導孩子選購對他的身體最不會造成負擔的款式，多花一點時間陪伴孩子瀏覽各種款式，選出最適合的產品。穿的人舒適與否，是選購胸罩時最應優先考量的一點。

舉辦「青春期派對」不是最重要的事

這幾年，派對風氣愈來愈常見，舉辦派對的原因也愈來愈多元，舉凡生日、升遷、被錄取、滿百日、結婚週年紀念等，可見派對文化已逐漸融入了日常生活。也有愈來愈多父母會準備蛋糕和禮物，慶祝孩子迎來第一次的初經或夢遺，舉辦「初經派對」或「夢遺派對」（或稱「尊重派對」），代表有愈來愈多人認為，舉辦派對慶祝孩子步入青春期是很棒的事。

慶祝孩子步入青春期、迎來人生重大轉變，固然是件好事，但在這之前，希望爸爸媽媽先思考看看：為何要替孩子舉辦青春期派對？倘若是基於「因為其他人都這樣做，如果我不為我的孩子這樣做，心裡會過意不去」、「聽別人說辦派對比較好」這類理由，都不太適切。

舉辦青春期派對的目的，是要幫助孩子接受並學會正面看待自己的身心變化，以及認同孩子是一個獨立個體，表達對孩子的尊重。因為派對主角是孩子，父母在舉辦派對前，應該先了解孩子是否真正想要這個派對，也要檢視自己在生活中是否會和孩子針對「性」進行充分的討論和對話。

孩子是有可能希望舉辦青春期派對的，父母可以直接詢問孩子的意見：「要不要幫你舉辦一場初經派對／夢遺派對？」了解孩子的想法後，再照著孩子的意願去進行，沒必要勉強孩子非得舉辦青春期派對，因為除了派對，還有很多方式可以慶祝。像是寫一張祝賀的卡片或送一份小禮物，甚至對某些孩子而言，一場深刻的對話就已足夠。表達心意的方式有很多種，請依據孩子的狀況，選擇合適的方式。

有些父母會在孩子迎來第一次初經時舉辦青春期派對，在生活中卻不太會和孩子聊聊月經、關心孩子的身心狀況。我認為面對孩子的青春期，父母最不該忽略的是「孩子已經跨出他邁向成年的第一步」，父母應該要持續陪伴孩子理解「認識與照顧自己身體」的重要性。

希望各位爸爸媽媽試著思考：什麼才是真正重要的。

教孩子認識異性的生理現象

生活在這個世界，我們會與同性建立關係，也會與異性建立關係——不僅是普通的人際關係，也可能是性關係。如果希望人與人之間相處得舒服、融洽，除了要了解同性，也要了解異性。女性要了解男性的生理，男性也要了解女性的生理。唯有當我們認識對方的特點，才有辦法理解和尊重對方。

男性的勃起和女性的月經就是典型的例子，女性的勃起不像男性那樣顯而易見，男性也不像女性有月經。如果我們對異性的生理現象不夠了解，就可能以錯誤角度看待，產生不必要的誤會。所以才需要對異性的生理有基本的認識。

會希望父母務必要教導孩子認識異性的生理，不只是為了讓孩子了解異性而已，更重要的是讓孩子學會認識與理解他人的處境。一旦孩子懂得去理解他人的處境，便不太會隨意對待他人。

家有女兒的父母應該讓孩子正確認識男性的勃起現象，讓孩子知道如果看見男性朋友突然勃起，請體恤對方的處境，轉移目光、假裝沒看見，切勿揶揄對方是色狼。有些人會以為只要男性勃起都是因為有性意圖，但性意圖只是勃起的可能原因之一。

很多男生在成長過程中都經歷過類似的狀況，在坐著或趴睡時、或身邊只有男性時突然勃起，甚至在被老師訓斥後突然勃起，導致無法做原本要做的事，男生自己不但尷尬，很多時候可能連本人也不清楚原因。但就像女性會有「月經」這樣的自然生理現象，男性也會有「勃起」這樣的自然生理現象。

也許有些父母會擔心，女兒認識了男性的生理後會有不好的後果。但其實，理解不一定會造成危險，不理解卻更容易導致問題發生、帶來危險的後果。正確認識男性的勃起現象，才不會對男性的身體產生誤會。

女性的月經也是一樣。育有兒子的父母應該教導孩子正確地認識月經，避免孩子對月經抱持不正確的觀念，或是隨便說出「只是流了一點血，是會痛到哪去？忍一忍就好了吧！」這些缺乏常識的言語或取笑的行為，是會傷害到他人的。

女性的月經就像打嗝或打噴嚏，是自然的生理現象，不是想忍就忍得住或能隨心所欲地控制的。而且女性月經來的日子可能不規律。孩子如果不了解這一點，當他看見女生的下身衣物透出經血時，可能會誤以為對方是個沒責任感、不懂得事先準備的人。

我們身邊的所有人，都可能經歷勃起或月經這些生理現象。即便其中一項你永遠不會經歷到，也不一定能感同身受，也應該了解身旁的這些異性可能會因此面對什麼樣的困擾，如此才能在艱難的時刻彼此理解、體諒，避免產生不必要的誤會。因此父母幫助孩子從各個面向正確地認識勃起和月經、了解異性的生理，是很重要的。

身為老師，我很明白透過聆聽講解學來的知識，還是與現實生活中的認知有落差。例如，永遠不會經歷月經來潮的男孩可能知道女性有月經，但他在生活中實際與媽媽或姐妹相處時，可能很少會聯想到他們每個月都有那樣的生理現象。但通常和男孩談論月經時，就會發現他們多半都會專注地聆聽。當聽到男孩告訴你，那是他第一次對月經有所認識，終於能夠體諒女生有多辛苦、很高興可以糾正過往錯誤的認知，就會感受到教育的效果和意義。

身為父母，其實也有很多可以跟孩子分享的，只要找出自己身上任何與月經或勃起有關的直接、間接經驗，都可以分享給孩子。孩子對月經有所認識後，就可以在姐妹或女性朋友發生嚴重經痛時幫上忙；孩子如果對勃起有正確認知，也能懂得體諒兄弟或男性朋友。只要孩子正確地認識異性的生理，就會懂得用健康的角度看待，不會貿然作出無知的評斷。

避孕教育，小學就可以教！

我諮詢過的孩子中，有一半的人都問過與「懷孕」相關的疑問，例如：害怕一時衝動進行性行為，會不會導致懷孕；當下沒想到要避孕；或者知道該避孕卻沒做，該怎麼辦等等。這些我諮詢過的案例無論是男是女，都會擔心或害怕懷孕，讓人深切感受到避孕教育的重要性。

避孕教育並沒有所謂的最佳時機，但最好是在教導孩子關於夢遺或初經時，可以一併進行。這樣，孩子才能夠將「性」的不同面向連結起來、作為一個整體去理解，而不是將它拆分成不同的議題，以為彼此毫不相干。而且，孩子最好是在擁有性經驗前就接受避孕教育。

有些父母會擔心要是太早教孩子避孕，反而會刺激孩子在性方面的慾望，以及讓孩子誤以為爸媽允許他嘗試性行為了。這種思維就像認為實施禁菸教育，會導致孩子開始吸菸一樣。

避孕教育並不是鼓勵性行為。就像我們會透過學習而得知韓國最高的山是漢拏山，避孕教育的目的也是為了增加孩子的知識，以備不時之需。孩子如果因為無知而沒能遵守性行為的安全守則，才可能會出事，而且是很嚴重的事。只有讓孩子清楚了解性行為的安全守則，孩子才有辦法避免非計劃懷孕等意外。實施避孕教育，是為了培養孩子的責任感，幫助孩子安全地做好準備。

父母不應該直接規定孩子不準發生性行為，而是要讓孩子了解，毫無準備的性行為可能伴隨什麼樣的後果和責任，並且讓孩子懂得保護自己的身體和避免懷孕。站在孩子的前面、為孩子指引正確的方向，幫助孩子成長為獨立自主的個體，是非常重要的。有些父母想等孩子成年後、有辦法對性行為負責任後再開始實施避孕教育。但要知道，沒有人能保證孩子一定會乖乖按照父母的期待行動。

孩子一旦發生了性行為，就不可能回到從前，而且不得不面臨伴隨而來的後果。所以父母一定要讓孩子知道可靠的避孕方法有哪些。無論孩子處於哪個成長階段，只要孩子詢問避孕相關問題，父母都應該毫無保留地教導孩子正確的知識，不要用「你現在不知道也沒關係」、「等你長大了我再告訴你」等說詞來推託，這可能會讓孩子先從網路或朋友那裡學到錯誤的性知識。如果因為認知錯誤而以不對的方式去解開對「性」的好奇心，孩子將暴露於更大的風險之中。

凡有過性行為，都無法排除懷孕的可能，即便是小學生、中學生也不例外。所以最首要的就是先教孩子認識與學會使用保險套，並讓孩子知道保險套是一次性醫療器材，在藥妝店或便利商店都買得到。除了保險套，也要讓孩子知道口服避孕藥的使用方法。孩子只要感到好奇，父母就要更仔細地說明各種不同的避孕方法。

對孩子說明時，建議不要只從避孕的功能性切入，可以用父母的愛情故事當作引子。讓孩子知道爸爸媽媽是怎麼認識的、如何深愛對方，以及為了表達對彼此真摯的愛，在進行性行為時必須用保險套等避孕方法。用自己的經驗來分享，是一種很好的方式。

如果沒有事先讓孩子了解避孕的重要性，使得孩子在未成年時懷孕，父母也得負起一定的責任。未成年懷孕對孩子的健康及社會適應層面都會帶來負面影響，尤其是健康層面。世界衛生組織（ＷＨＯ）指出，未成年懷孕極可能發生妊娠毒血症、子宮內胎兒死亡、早產、產後異常出血等嚴重併發症，並且會讓孕婦的身心大受影響，難以順利完成學業。

在本該學習各類知識、獲取重要資訊、練習變成大人的青春歲月裡，如果被迫中斷學業，將來可能會陷入社交孤立的困境。而媽媽又會同時承受身體上的劇變，以及社交孤立所引發的心理狀態不穩定，使其心理健康也岌岌可危。再加上未成年難以謀得一份穩定的工作，尚不具備完全行為能力，未來容易陷入經濟困難。

為了避免未成年懷孕，我們必須從避孕教育開始做起。即便和孩子談「性」可能會讓父母感到彆扭，雙方也應該要是願意溝通的，這樣父母才有機會向孩子說明避孕方法，引導孩子養成正確的性認知，學會保護自己。

韓國疾病管理本部《二〇一八年青少年性經驗》報告指出，韓國的六萬名青少年之中，有五・七％有過性經驗，第一次性經驗平均年齡為十三・六歲。有過性經驗的青少年之中，有一半的人表示從未採取避孕措施。而根據臺灣衛福部二〇二一年公布的「青少年健康行為調查報告」指出，有十一・六％的高中生有過性經驗；而初次性行為未避孕的比例將近六成。相信這世上沒有哪個父母會希望自己的孩子一時衝動就有了性行為，所以父母一定要事先做好準備。

不少父母對這樣的調查結果感到訝異，原來孩子這麼早就有了第一次性經驗，而且完全沒有採取任何避孕措施，於是開始急急忙忙地關心應該怎麼給孩子進行性教育：「我應該在孩子幾歲時跟他說明性行為該注意的事項呢？」但就像我們很難準確指出幾歲才有能力開車，同樣也很難明確說孩子幾歲以後才適合了解性行為該注意的事項。

「啊哈」首爾市立青少年性文化中心《二〇一七年歐洲性教育機構探查報告》指出，荷蘭是青少年發生性行為的風險最低、初次性經驗平均年齡最高的歐洲國家，年齡甚至從二〇一二年的十七・一歲到二〇一七年的十八・六歲，有升高的趨勢。荷蘭積極實施避孕教育，其青少年發生第一次性行為時有採取避孕措施的比率高達九成，盡可能地減少了未成年懷孕的可能性，而青少年的生育率與墮胎率也位列全球最低的幾個國家之一，可見荷蘭系統性且開放的性教育帶來十分正面的成果。

性教育並不是要每個人都接受和「性」有關的一切，畢竟每個人感受和認知到的「性」都不同。**性教育也不是在鼓勵性行為，而是要提升每個人的主體意識和自主能力，減少對「性」的煩惱，幫助我們提早準備。尤其是容易對「性」好奇的青少年，性教育可以避免**

他們在毫無防備與知識的狀態下發生性行為。

韓國京畿大學二〇一七年的碩士論文《影響青少年性經驗之系統性因素研究》指出，父母對青少年是否要進行性行為的決策有很大的影響力。也就是說，父母的態度及努力與否，可能會左右孩子的性經驗。父母不能只是被動地指望孩子在成長過程中不做任何的性行為，因為環境中有太多因素會刺激孩子，只是禁止孩子不要發生性行為也毫無意義。

父母應該調整心態，要在「孩子可能會發生性行為」的前提下，讓孩子懂得負責任的性教育。在父母能給予孩子的所有愛之中，性教育也是其中一種愛。請提前讓孩子了解與「性」相關的一切，因為愈是重要的事情，愈應該提早準備。請從現在開始和孩子一起討論，幫助孩子在性方面獨立自主，父母也務必以身作則。

請各位爸媽保護好孩子在性方面的權利，培養孩子對於「性」的責任感。

看婦產科、泌尿科並不丟臉

有人在諮詢時表示：「我的陰道炎一直好不了，而且經痛很嚴重，甚至影響到日常生活。」陰道炎這種惱人的疾病很容易反覆發作，如果要治好，必須找出致病的菌種，否則可能會一再復發，嚴重甚至必須住院治療。

經痛和陰道炎都是十分常見的婦科疾病與症狀，許多女性常為經痛所苦，嚴重甚至會打亂生活節奏。必須注意的是，經痛除了可能是一般常見的月經症狀，也可能是子宮內的病灶所引發的疼痛。倘若嘗試過各種方法仍無助於緩解疼痛，就應該去看醫生。父母務必要向孩子說明這一點，讓孩子學會注意自己的健康。

來向我諮詢的孩子如果嘗試過各種不同的方法，症狀卻依然影響到生活的話，我都會建議他們去看醫生。但每當我這樣說，孩子都會問：「學生去那種地方不會很奇怪嗎？」「學生也可以去那種地方嗎？」他們所指的「那種地方」，事實上不該是他要感到卻步的。明明有感冒症狀時我們會去看耳鼻喉科；摔傷會去看骨科或整形外科。出現與「性」相關的疾病或症狀時，也應該要前往相應的醫療院所。

但為什麼孩子會感到卻步呢？通常是受到「性」相關的傳統觀念影響。以前有很多人認為，只有懷孕的女性才會去看婦產科，使得很多人擔心自己去看婦產科，會被誤會是要進行墮胎手術。導致很多未婚成年女性和青少年對於去看婦產科感到有壓力。儘管隨著社會大眾認知的轉變，已經有愈來愈多不同年齡層的女性會去看婦產科，仍有不少未婚女性和青少年會感到卻步，在應該向外尋求醫療協助時，礙於不正確的觀念而猶豫不決。

「婦產科」這個詞是由「婦科」和「產科」組成，婦科關注女性特有的生理與疾病；產科關注懷孕、生產及分娩。可能因為名稱涵納了「產科」，所以容易讓人誤以為只有懷孕或生產才需要去。為了改變這種不正確的觀念，最近有些人開始改稱婦產科為「女性醫學科」。爸爸媽媽可以向孩子說明這樣的轉變，讓孩子知道，任何年齡層的女性都可以為了自己的健康去看婦產科，不需要在意別人的眼光，以免讓孩子對婦產科有不正確的觀感。

醫學專家也建議，最好是自初經來潮以後每隔一段時間就回診一次，照顧自己的健康。孩子如果對看婦產科較為抗拒，也可以選擇女醫師主治的醫療院所。

人們對泌尿科的認知也經常出現謬誤，以為泌尿科只關注男性的生理與疾病，只有男性才會去。無論是男是女、任何年齡層，都可以看泌尿科。如同名稱所示，泌尿科是治療泌尿系統疾病的地方。如果尿液中出現血或很多泡沫、排尿時感到疼痛、排尿次數過多或有尿路結石的狀況等，都可以去看泌尿科。尿失禁也是泌尿科常見的治療項目之一，任何年齡都有可能發生，而且女性比男性更容易發生，頻率更會隨年齡上升逐漸增加。

由此可見，泌尿科的治療範圍相當廣泛，而且現在有很多地方會安排由男護理師應對男性患者、女護理師應對女性患者，可以安心地前往就診。

擔心孩子性早熟，可帶孩子去兒科就診

由於飲食習慣改變，現在的孩童會有營養過剩、提早發育的問題，甚至可能發生性早熟。性早熟是指比多數同齡人還要早出現第二性徵，女孩若在九歲以前、男孩在十歲前就開始出現第二性徵的話，即可診斷為性早熟。父母平常可以稍微觀察，若女孩在小學三年級前開始發育胸部或摸得到腫塊，男孩在小學四年級前就開始發育睪丸的話，就要注意是否為性早熟。

性早熟為何會發生？首先要留意是否有家族病史。父母如果很早就步入青春期，孩子很可能會有一樣的現象。韓國加圖立大學首爾聖母醫院兒科教授安文培表示，目前很難明確指出性早熟為何種原因所導致，不過可以確定的是，性早熟會受到種族及家族病史等遺傳因素影響。韓國疾病管理廳「國民健康資訊網」也指出，父母的青春期如果比一般人還要早開始，孩子可能也會發生一樣的狀況，應多多留意。

性早熟還有一個可能的原因：肥胖。現代人由於營養過剩，有愈來愈多人出現肥胖問題，而肥胖的孩子比體重正常或瘦弱的孩子更容易發生性早熟。因此，體重控制是非常重要的一環。除此之外，環境荷爾蒙也被認為是導致性早熟的原因之一，因此家中應該盡可能少用塑膠製品與一次性用品。

性早熟的發生，是伴隨著青春期某些身體變化與生理症狀。如同前述，女孩會開始發育胸部，男孩會開始發育睪丸，此外也會開始出現青春痘、腋毛、陰毛等常見的青春期特徵，有些人則會出現頭皮味加重的情況，夏天時可能會和汗味混合在一起。如果孩子的頭皮味突然變得明顯，就應該多多留意。此外，變胖也可能會導致體內荷爾蒙改變，使得體味加重，久了也會引發性早熟，建議父母要讓孩子多運動和流汗。

性早熟如果未得到妥善治療，女孩會提早迎來初經。若比同齡人還要早迎來初經，孩子可能會因為與朋友不同而感到不安，承受一些壓力與憂鬱情緒，甚至與朋友關係生變。二〇一九年《韓國護理教育學報》〈性早熟之國小女童接受荷爾蒙治療之經歷〉指出，性早熟的女孩容易因為自己與同齡人在體型上的差異而感到有壓力、無法適應校園生活，以及身心發展不同步導致心理混亂，面臨許多的問題。

育有男孩的父母通常最擔心孩子的身高，男孩也很容易因為體型上的差異而感到焦慮不安。首爾大學醫院、韓國兒童內分泌學會等醫療機構指出，無論男孩女孩，一旦發生性早熟，生長板就可能會提早閉合、停止長高。

如果擔心孩子性早熟，請帶孩子到兒科就診，讓專業的醫師進行診斷。最重要的是在確診後接受治療。但在去看醫生之前，父母務必要向孩子說明，身體的變化是人人都會經歷的自然現象，每個人開始變化的時機不盡相同，他只是比朋友還要早一些而已，免除一些孩子的擔憂與害怕。

第六章

性教育實戰祕訣

應對孩子的好奇心　問題1

小寶寶是怎麼來的？

孩子如果問「小寶寶是怎麼來的？」以前大部分的父母會說：「是從媽媽的肚臍裡蹦出來的！」「你是送子鳥帶來的！」「是我從橋下撿來的！」……孩子往往對父母的話不疑有他，我就記得小時候聽爸媽說：「你是我從橋下撿來的。」導致在幼小的心靈裡產生「眼前的爸爸媽媽有可能不是我的親生父母」這樣的想法，而感到困惑。

如今，孩子可能在上幼稚園時就會學到「爸爸媽媽互相相愛，精子遇上卵子之後，小寶寶就誕生了」，父母不太可能再像以前一樣拐彎抹角地回答或繼續用「那種事，你現在不知道也沒關係」來搪塞了，而是要開始讓孩子了解「小寶寶是在爸媽相愛的過程中誕生的」。

不過，我希望父母可以做到的不只如此。首先，你可以告訴孩子：「這是一個很好的問題耶！」接著在孩子能夠理解的範圍內，簡要地回答孩子的疑惑。要知道，父母對孩子的疑惑有所回應，比傳遞正確的知識更重要，因為親子對話的習慣，就是在這種問與答的過程中逐漸建立起來的。

孩子詢問「小寶寶是怎麼來的」時，父母從生物學的角度切入，以精子遇上卵子的故事簡要地向孩子說明，不會有太大困難。問題是孩子如果繼續追問：「精子是怎麼遇上卵子的？」即便父母可能預料到孩子會問，但如果真的被問到了，父母還是會煩惱到底該如何解釋。

這時，請記得性教育的第一準則為「誠實」，父母一定要誠實地向孩子說明，畢竟瞞得了一時，也瞞不了一世。

父母可以先回答：「爸爸媽媽相愛的話，小寶寶就會誕生！」

若孩子接著問：「那我跟媽媽相愛的話，會怎麼樣呢？」

這時，請爸爸媽媽不要含糊其辭，因為我們早已知道答案是什麼，而且比想像中還要簡單，只要根據我們所知來回答就行了。可以參考以下的對話：

孩子：小寶寶是怎麼來的呢？

父母：爸爸身體裡的小寶寶種子遇到媽媽身體裡的小寶寶種子之後，小寶寶就會誕生唷！

孩子：他們是怎麼遇到的呢？

父母：媽媽身體裡有一條通道可以讓他們相遇，爸爸身體裡的小寶寶種子從那裡進去之後，就會在媽媽的肚子裡遇到媽媽的小寶寶種子唷！

如果是針對小學高年級的孩子，父母可以提供更具體的解釋：

父母：爸爸身體裡的小寶寶種子叫作「精子」，媽媽身體裡的小寶寶種子叫作「卵子」。精子要遇到卵子的話，爸爸的陰莖要先變得挺挺的，讓精子出來、通過媽媽身體裡的一條通道，叫作陰道。接著在媽媽的肚子裡遇到卵子，這樣小寶寶才能夠誕生唷！只不過，並不是精子遇到卵子後就一定會誕生小寶寶，爸爸媽媽是等了很久才終於有了你，所以你的出生就像一個奇蹟唷！

如果只是口頭說明，孩子還是難以理解，建議可使用樂高積木等玩具輔助，或用繪本幫助孩子理解。

有些父母擔心這種說明方式對孩子會太過寫實。但孩子的觀點和大人是不同的，孩子並不像大人那樣，將精子與卵子的相遇認知為「性行為」，所以爸爸媽媽可以不用擔心這一點。這樣一來，是不是就能不帶壓力地向孩子進行說明了呢？

要注意的是，有時候父母會求好心切而做過頭，給孩子超出必要之範圍的解釋。例如若是小小孩詢問「小寶寶是怎麼來的」，父母不需要像回應小學高年級的孩子那樣提到陰莖與陰道的部分。那麼，到底該對孩子說明到何種程度？原則就是確保使用的是孩子能夠理解的語言、配合孩子的發展程度，以及就父母的能力所及進行解釋。

父母給孩子的性教育，最重要的是滿足孩子的好奇心。在初步給予孩子回應之後，可以先觀察孩子的反應如何，再決定要不要繼續說明。

當孩子詢問「小寶寶是怎麼來的」，並不是因為對「性」好奇，而是對「生命的誕生」感到好奇。孩子一旦理解何謂「生命的誕生」，也會對自己的生命有所認識，這段過程中的所有問與答，都將成為孩子學會理解與尊重自身生命的契機。

如果爸爸媽媽談到第一次見到小寶寶的時刻，請不要過度強調分娩時的疼痛，以免孩子以為小寶寶的誕生帶來的只有痛苦。比較好的方式是，讓孩子知道小寶寶的誕生，是媽媽和孩子共同創造出來的奇蹟。

有資料指出，中樂透頭獎的機率為八百一十四萬五千零六十分之一，遭閃電擊中身亡的機率為二十八萬分之一。那麼，生命誕生的機率會是多少？許多科學家指出，約為一百京分之一，這是一般人連在計算上都有困難的數字。韓國生物學家崔在天博士就曾表示：「從機率上來看，生命誕生的可能性幾乎是微乎其微，每個生命的誕生都很不可思議，堪稱奇蹟。」由此可見，生命的誕生確實是很神奇的一件事。

和孩子談到生命的誕生時，也請帶著孩子認識人工授精和試管嬰兒，讓孩子了解小寶寶並不是只透過性行為才能夠誕生。也可以和孩子聊聊何謂收養，讓孩子知道並非只有直系血親才能成為一家人，透過收養的法律程序，也有機會成為一家人，「家」的概念並不僅侷限於生物學的層面。透過性教育，我們可以讓孩子對生命的誕生及家的概念有更寬廣的認識，對不同類型的生命和觀點有足夠的包容力。

當孩子詢問「我是怎麼出生的」，就如同在問「天空為什麼是藍色」、「蘋果為什麼是紅色」一樣。父母給孩子的回應內容固然重要，但更重要的是父母回應時的態度。千萬不要展現出逃避的態度說「以後再告訴你」、「等你長大後自然會知道」，唯有當父母能夠坦然、輕鬆地談論這類話題，孩子也才有辦法學會採取同樣的態度。

應對孩子的好奇心　問題2

小寶寶是從哪裡生出來的？

孩子如果好奇「小寶寶是從哪裡生出來的」，爸爸媽媽可以這樣告訴孩子：

孩子：媽媽，小寶寶是從哪裡生出來的呢？

媽媽：媽媽的肚子裡有一間房間給小寶寶住，房間裡面有床，讓小寶寶裡面好好睡覺和長大。到了要出來見媽媽時，就會從媽媽雙腿中間的一條通道生出來唷！

孩子：那條通道在哪裡？我可以看看嗎？

媽媽：我們去遊樂場的時候是順著一條路過去的，對不對？小寶寶要出來見媽媽時，也是順著路出來的唷！那條路就在媽媽的兩腿中間，可是在媽媽的身體裡面，所以沒辦法讓你看哦！

如果是針對小學的孩子，建議父母可以說明得更詳細一些：

孩子：媽媽生出小寶寶的那條路，到底在哪裡呢？

媽媽：媽媽說給你聽唷！女生的身體裡有讓尿尿出來的通道，也有讓便便出來的通道，還有一條生小寶寶的通道。你還記得媽媽說過，精子是通過什麼地方才遇到卵子的嗎？沒錯！就叫作「陰道」，這也是女生生小寶寶的通道唷！小寶寶就是從陰道生出來的！

孩子：可是那條通道好像很小，小寶寶要怎麼從那裡出來呢？

媽媽：媽媽解釋給你聽。你看，現在這條髮圈只有這麼長，對不對？可是如果我把它拉開，它就會變這麼長！小寶寶出來的那條通道也是一樣唷！在小寶寶出來前，那條通道只有這麼小；但小寶寶要出來時，那條通道就會變寬、變大；等到小寶寶出來後，那條通道又會變得跟以前一樣小。是不是很神奇？

向孩子說明時，建議利用手邊的物品像是髮圈、氣球來進行講解，或選擇相關主題的繪本，幫助孩子更加理解。

應對孩子的好奇心　問題3

小雞雞為什麼長高了？

尚未進入青少年時期的小男生，可能會突然蹦蹦跳跳地跑到父母面前，脫下褲子問問題。這時父母千萬要記得，放輕鬆、如實地向孩子進行說明：

孩子：媽媽，你看！小雞雞為什麼長高了？

媽媽：哦，原來我們○○很好奇小雞雞為什麼長高了呀！媽媽來告訴你，小雞雞長高，代表你很健康唷！

孩子：為什麼小雞雞長高代表很健康呢？

媽媽：身體健康的男生發生像現在這樣小雞雞長高的狀況，會有很多不同的原因喔！像是早上起床後，或是用手摸、或跟別的東西摩擦到時，甚至就算什麼事都沒做，小雞雞都有可能長高哦！因為我們的身體裡面有一種東西叫作「血」，會到處流動，小雞雞長高，代表你身體裡的血液流動很順暢，是健康的象徵唷！所以你的小雞雞長高，代表你很健康！

如果想再解釋得更詳細一點：小雞雞長高，是因為身體裡的血很快地聚集到小雞雞那裡，小雞雞就會長高、變得挺挺的唷！

每當孩子對自己身體變化感到困惑，父母可以從孩子的角度出發、配合孩子的發展程度進行解答，幫助孩子理解那些變化，讓他知道這樣的狀況是很健康的。

應對孩子的好奇心　問題4

為什麼我有小雞雞，媽媽沒有？

孩子和父母一起洗澡時，自然會觀察到父母的性器和自己之間的差異。男孩會好奇，為什麼媽媽沒有小雞雞？女孩會好奇，為什麼只有爸爸有小雞雞？這時，父母可以像這樣引導孩子：

孩子：為什麼我有小雞雞，但媽媽沒有？

媽媽：○○是男生，對不對？男生都有小雞雞；媽媽是女生，但其實，女生也有小雞雞哦！

孩子：媽媽哪有小雞雞？我沒看到耶！

媽媽：因為呀，媽媽的小雞雞在別人看不太到的地方唷！男生的小雞雞叫作「陰莖」，女生的小雞雞叫作「陰唇」，陰莖是在別人容易看到的地方，但陰唇是在別人看不太到的地方唷！因為看不太到，所以大家常常說「沒有」。但其實，男生和女生都有小雞雞唷！

孩子：那為什麼爸爸的小雞雞比我的還要大呢？

媽媽：因為爸爸是大人了呀！爸爸的手和腳都比你的大嘛，所以爸爸的小雞雞也會比你的大囉！你以後長大了，也會像爸爸那樣唷！

孩子如果問「〇〇為什麼沒有小雞雞？」，父母不應該回答「有」或「沒有」，而是應該說明「男生和女生都有」，只是女生的小雞雞在別人看不太到的地方。有些父母會形容女生的小雞雞「藏起來了」，但這種說法會有性別歧視的問題，可能會導致孩子認為女生的性器很羞恥、應該藏起來，男生的性器則應該展露出來。所以說明時請務必注意使用性別平等的語言。

應對孩子的好奇心　問題5

為什麼我站著尿尿、媽媽坐著尿尿？

孩子一旦觀察到男生和女生的尿尿方式不同，可能會提出這樣的疑問：

孩子：為什麼我是站著尿尿，媽媽是坐著尿尿呢？

媽媽：你是男生，所以是站著尿尿；媽媽是女生，所以是坐著尿尿。

孩子：那為什麼男生要站著尿尿，女生要坐著尿尿呢？

媽媽：因為男生的尿尿是從陰莖裡面的通道出來，陰莖是在身體的外側，所以你可以調整尿尿的方向，要站著或坐著尿尿都沒問題。可是女生尿尿的通道在身體裡面，沒辦法調整尿尿的方向，所以女生必須坐著尿尿。假如女生站著尿尿，會因為沒辦法調整尿尿的方向，可能會弄髒衣服唷！

尿尿姿勢的不同可能會引發孩子的好奇心，也可能會導致父母出現分歧，因為男女可能抱持不同立場。為了尿尿姿勢而吵架的伴侶，事實上比想像得還多，網路社群也不時有人針對尿尿姿勢的問題進行爭論。有一派認為「男、女性器官天生不同，男生當然應該站著尿尿，女生應該坐著尿尿」；有一派則主張「對他人要有最基本的體貼，所以每個人都該坐著尿尿」，分別支持這兩種論點的人不相上下。另有一派指出「坐著尿尿對男性攝護腺不好，因為尿道是S形，站姿比較符合男性的生理結構」。有人則建議「男生要站著尿尿是可以，但請不要噴濺出來，如果噴濺出來就應該清理乾淨」，也有人表示「基於衛生，所有男生都應該坐著尿尿，不然廁所很容易弄髒，我自從看過實測影片後就再也不站著尿尿了」……由此可見，論點各式各樣。

泌尿科醫生則指出，只要沒有泌尿相關疾病，男生坐著尿尿是不會有問題的。但要留意，因為尿道為S形，坐著尿尿時最好稍微將陰莖抬起，讓彎曲的尿道變直，幫助排尿更順暢。

家人之間也可以針對尿尿姿勢的問題進行討論，找出對所有人而言最好的做法和共識。

應對孩子的好奇心　問題6

媽媽是大人，為什麼還穿尿布？

有些媽媽可能怕孩子會分離焦慮，或自己擔心孩子的安全，在家習慣開著門上廁所，導致孩子有時不小心看見媽媽的衛生棉。當孩子看見媽媽的經血，可能會很吃驚地提問：

孩子：媽媽，你流血了！有血！

媽媽：沒事沒事，就像你有時候會忍不住放屁一樣，媽媽有時候也會忍不住流血喔！

孩子：媽媽為什麼會忍不住流血呢？

媽媽：因為媽媽是女生呀！女生每個月都會像這樣流血流幾天唷！就像你每個月有幾天要去幼稚園上課一樣，媽媽每個月都有幾天要像這樣流一些血出來。如果每個月都像這樣有流一些血出來的話，代表我很健康唷！不用擔心媽媽。

孩子：那媽媽為什麼要穿尿布呢？

媽媽：如果你的手流血了，要怎麼辦呢？要貼上OK繃，才有辦法讓血不要一直流出來，對不對？媽媽也是唷！媽媽每個月流血的這幾天如果不穿尿布，血流出來會弄髒衣服。所以尿布不是只有小寶寶才可以穿唷！媽媽可以穿，奶奶也可以穿。而且媽媽每個月像這樣流出一些血，是在把媽媽身體裡一些廢物打掃乾淨。你還是小寶寶時，就是在媽媽被打掃乾淨的肚子裡長大的哦！這些血可以把媽媽的肚子打掃乾淨，真的很感謝它，對不對？媽媽沒有生病，不用擔心哦！

孩子如果看見媽媽的經血，可能會以為媽媽生病了，所以父母最好向孩子釐清這一點。而如果孩子的疑惑只和血有關，父母就不需要進一步談到月經與懷孕。

應對孩子的好奇心　問題7

爸爸媽媽有愛愛過嗎？

孩子如果提出這個問題，請不要驚慌地立刻反問：「你說的愛愛是什麼意思？是聽到了什麼才這樣問嗎？」請先聆聽孩子的問題，爭取一點時間思考該如何回覆。向孩子解釋性行為的意義時，可以以「爸爸媽媽的相愛」為重點，然後放輕鬆，好好解答孩子的疑問，滿足孩子的好奇心：

孩子：爸爸媽媽有愛愛過嗎？
父母：當然有呀！
孩子：真的嗎？
父母：嗯！像爸爸媽媽這樣互相愛對方的兩個人，會用身體表達自己的愛，也是因為這樣才會有你唷！

孩子：那是怎麼做的呢？

父母：很愛對方的兩個人，會喜歡手牽手、親親，有時候也會喜歡把身體貼在一起，用身體表達愛，那就叫作愛愛唷！爸爸媽媽就是這樣做過，才會有你唷！愛愛是相愛的兩個人互相表達愛的一種方式。

有一次，我在針對小學六年級學生的性教育課程裡談到性行為時，有一名女學生問：「老師，我們家是三兄妹，所以我的爸爸媽媽是愛愛過幾次呢？」我回答：「老師不清楚耶！你的爸爸媽媽可能也不知道，因為沒有人會去算次數喔！」這讓學生感到很驚訝。

還有孩子會問：「爸爸媽媽生了我之後，還會繼續愛愛嗎？」我解釋：「當然囉！以後也可能會的。」

重點在於讓孩子了解，相愛的兩個人無論是否要生孩子，任何時候都可以用身體來表達自己的愛。父母也可以用和緩的態度詢問孩子，是從哪裡聽到「愛愛」這個詞？倘若是因為接觸到性愛影像，請參考第四章的內容來引導孩子。

此外，也要讓孩子知道，隨意對外人提出這種問題不太禮貌。「性」的話題在家人之間可以用健康的角度進行討論，但如果對家人以外的人隨意提起「性」的話題，可能會讓對方感到不舒服。

這樣處理會更好　狀況1

當兄妹或姐弟抱在一起玩

曾有父母看到七歲的女兒和十二歲的兒子抱在一起玩，感到憂心忡忡，於是前來諮詢。其實只要觀察兩個孩子玩的狀況，只要是開心也沒有太明顯的異常狀況，抱在一起玩是沒問題的，沒必要刻意將他們分開。但父母還是必須讓孩子知道，即便是家人也有人際界線的存在，家人應該尊重彼此的人際界線，就算是小孩也不例外。

建議父母先詢問孩子：和○○抱在一起玩的感覺怎麼樣？有過不舒服的感受嗎？接著，請根據孩子的反應來判斷，不要一味地禁止。如果孩子說他沒有過不舒服的感受，父母可以說：「原來，和○○抱在一起玩，不會讓你不舒服呀！但要記得，就算是很親近的家人，也有互動上的界線唷！你和○○抱在一起玩，不是不對的事情，可是從現在開始，玩的時候也要注意互動上的界線唷！接下來，要不要試試看能夠尊重對方人際界線的其他方法，來代替抱抱呢？我們一起來想想看，有什麼其他方法？」

倘若其中有一個孩子說他有過不舒服的感受，父母可以引導孩子：「噢！原來○○做的動作會讓你不舒服呀！謝謝你誠實地跟媽媽說。○○，你來跟他說聲對不起。以後不要再用一樣的方法抱在一起玩了，試試別的方法，好嗎？我們一起來想想看，有什麼其他的方法？」

倘若其中一個孩子已經表示他會感到不舒服、另一個孩子卻依然做出相同行為，父母就應該明確告誡孩子那是不對的行為。父母也要讓孩子知道，就算只是開玩笑，也不應該隨便碰觸別人的身體。

請多多與孩子對話，陪孩子一起找到既能尊重彼此的人際界線、又能玩得開心的方法。

這樣處理會更好 狀況2

像男孩的女兒，像女孩的兒子

「我女兒現在小一，個性很倔強，嗓門又大，帶他去公園或遊樂場玩，全場都可以聽到他的聲音，常常被人側目，我總覺得他像個男孩子。如果就這樣放任他發展下去，會不會有問題？」

「我兒子現在七歲，喜歡靜靜地坐著看書，還曾經穿姐姐的裙子去幼稚園上學，我可以感覺到幼稚園的老師和其他人都用一種異樣的眼光看著我跟我兒子。我兒子喜歡穿裙子，難道只有我覺得沒問題嗎？還是有問題的是我？」

這兩位媽媽的擔憂，背後的脈絡都是相同的——擔心男孩像個女孩、女孩像個男孩。但是，這兩個孩子都非常正常，兩位媽媽也完全沒有問題。問題在於周遭的人對這兩個孩子另眼看待。

女孩如果表現得很強勢、有力量，男孩愛穿裙子的話，容易被認為是「有問題」的孩子，有人甚至會進一步指責爸媽失職，才讓孩子變得奇奇怪怪的。但在這個世界上，從來不存在所謂「男孩的樣子」或「女孩的樣子」，那只是這個社會根深蒂固的性別刻板印象。

這個社會存在著非常多的框架，如果依循著那些框架而活，就只能長成框架的樣子。請不要讓你的孩子依循這個社會所謂「男孩的樣子」或「女孩的樣子」的框架長大，你應該要尊重孩子自己的特色。有問題的是用異樣眼光看待的那些人。請各位爸媽肯定、並愛你的孩子本來的樣子，這樣孩子就會成長得很好。

錦鯉是一種著名的觀賞魚，如果被放入小魚缸，只會長成五到八公分；如果被放入水族館，可以長到十五至二十五公分；如果被野放到河流中，可以長到九十到一百二十公分。這衍伸出所謂的「錦鯉法則」，指每個人的夢想大小與最終能發揮出來的能力，會隨著周遭環境的大小與身邊人的想法而不同，就如同錦鯉的尺寸會隨著水體的大小而改變。

同樣地，孩子被教導要依循什麼框架，跟能夠在沒有框架的束縛下長大，一定會有不一樣的結果。希望各位爸媽從現在開始，不再將孩子限制於小小的魚缸裡，而是幫助孩子在廣闊的江河裡自由自在地，長成他最好的樣子。

這樣處理會更好 狀況3

孩子有喜歡的同性朋友

「我女兒現在小學四年級，有一個很要好的同班女生朋友。我女兒說，他每次看到那個朋友，心跳都會噗通噗通地狂跳，他覺得自己會不會是同性戀。我告訴他：『每個人都可能會出現那樣的感覺喔！』雖然我這樣回答他，但自己還是忍不住擔心起來。」

父母如果聽到自己的孩子提到同性戀，多半都會感到驚慌，但這位家長給了孩子一個很好的回應。人可能會喜歡異性，也可能喜歡同性。不論性別為何，能夠喜歡上一個人，就是一件很美好的事情。

只要是人，就會經歷各種不同的感受，而喜歡上一個人的感受，是作為一個人非常必要的一種情感，我們很難去評斷那樣的感覺是好是壞。孩子所感受到的感覺，是讓父母了解孩子是什麼樣的人的重要資訊，但不是用來評定對錯的標準。

孩子可能喜歡的是同性朋友這個人的存在，或是某些特點。那樣的感覺可能是暫時的，也可能不是，這很難在短時間內下定論。以前我還是學生時，也有過不少次對同性同學或學姐感到心動的經驗。人與人之間互動、建立連結、產生情感，是很正常的情況，絕不是什麼奇怪的事。

請各位爸媽以平常心來看待孩子的情況，和孩子談談他為什麼會使用「同性戀」這個詞，以及為什麼這個社會中的很多人，會對「同性戀」這個詞感到不舒服。

接著，也可以關心一下孩子和其他朋友之間的關係，以及孩子對當前的生活是否滿意。父母可以幫助孩子在日常生活中體會到各種方式的快樂與幸福。

這樣處理會更好　狀況4

孩子問：為何成年才能有性行為？

性行為應該發生在雙方具備健康的身體與心態的時候。如果是尚未成年的青少年，應該先思考：青少年是否已經具備健康的身體？

人要滿十八歲，身體的性器官才會發育完全。認知發展研究專家皮亞傑指出，人的骨骼發育在十七至二十一歲左右才會發育完全，身體機能在十九至二十六歲之間達到巔峰，視覺、聽覺等感官會在二十歲左右最為靈敏，肌肉與內臟器官的功能也會在同一時期達到最好的狀態。

因此，很難說人在上述年紀之前就已經具備足夠健康的身體進行性行為。所以，請告訴孩子，性行為應該至少在成年後再進行。倘若是在尚未具備健康身體的狀態下發生，可能會出問題。

首先，女生的子宮和陰道是非常敏感的部位，一旦受傷，成年後就可能發生不孕。而另一個不可忽視的重要問題是避孕，這是連成年人也很難成功做到的，更何況是未成年的青少年。請務必讓孩子了解，懷孕不是輕輕鬆鬆就能夠避免的事。

父母也應該跟孩子談談倘若發生性行為，他能否好好面對性行為可能引發的一連串事情以及相關的責任。要讓孩子知道，倘若有人因此染上性病或必須墮胎，都是非常危險的事。性行為不是單純想做就能做的，應該在雙方合意、互愛的前提下，也要考慮到新生命誕生的可能性。唯有當上述一切都充分了解，也做好準備時，才適合發生性行為。

這樣處理會更好　狀況5

孩子的朋友要孩子脫內褲給他看

「我和六歲的女兒聊他在幼稚園過得如何時，他說班上有一個男生要他脫內褲給他看。雖然他們只是小孩，但我覺得這已經是明確的性暴力。該怎麼處理才好？」

這位家長聽到孩子那樣說時想必很錯愕，但他沒有以情緒化的方式來表達或不斷追問孩子，是很好的示範。

孩子間這種想看對方性器的遊戲，大多發生在四到六歲間，通常不具有性意圖。父母可以先跟孩子說「謝謝你誠實地告訴爸爸（媽媽）」，接著了解一下孩子的感受，可以問孩子：「當你聽到朋友那樣說的時候，你有什麼感覺呢？」通常孩子會將那樣的話當作遊戲，不會像大人一樣認為自己遭受到性暴力。

但父母要讓孩子知道，朋友之所以會說出那樣的話，是因為朋友不知道界線和規則是什麼。如果朋友一再說出那樣的話，請孩子一定要像現在一樣告訴爸媽。同時也要提醒孩子，他不應該輕易讓別人看自己的身體，也不應該嘗試或要求看別人的身體，那樣的行為是不對的。

再來，父母應該將這樣的狀況反映給老師，請老師告知對方孩子的家長，確保類似狀況不會再發生。無論是家長還是幼稚園，都應該以這個事件為契機，一同去思考和教導孩子，了解朋友間的互動或遊戲時的規則與界線是什麼，避免同樣的狀況再次發生。

第七章

保護孩子遠離性暴力

對性暴力的錯誤觀念

性暴力事件層出不窮，往往是人們對性暴力的錯誤觀念導致，因此有必要先從這個部分開始討論。

人們對性暴力的第一個錯誤觀念是：性暴力絕不會發生在我身上。僥倖地認為性暴力是只有別人才會遇到的事，與自己無關。參考左頁的統計結果可看出，實際發生過的性暴力事件的被害人，從六歲以下的孩童到六十歲以上的老年人都有。

由此可見，性暴力可能會發生在每個人身上，是關乎你我人身安全的問題。不是個人的問題，而是整個社會的問題。

韓國性侵害被害人年齡層統計

男性被害人	1,316 人	6 歲以下：11 人 12 歲以下：114 人 15 歲以下：62 人 20 歲以下：197 人 30 歲以下：514 人 60 歲以上：55 人
女性被害人	19,822 人	6 歲以下：110 人 12 歲以下：760 人 15 歲以下：922 人 20 歲以下：3,449 人 30 歲以下：7,587 人 60 歲以上：721 人
總計	21,480 人	

＊資料出處：韓國國家統計入口網站（KOSIS）2019 年《警察廳犯罪統計》。

臺灣性侵害被害人年齡層統計

男性被害人	1,665 人	6 歲以下：31 人 12 歲以下：230 人 18 歲以下：1,032 人 24 歲以下：135 人 30 歲以下：83 人 30 ～ 65 歲：143 人 65 歲以上：6 人
女性被害人	7,698 人	6 歲以下：175 人 12 歲以下：532 人 18 歲以下：3,122 人 24 歲以下：1,185 人 30 歲以下：804 人 30 ～ 65 歲：1,771 人 65 歲以上：76 人
總計	9,413 人（包含資料不詳 209 人）	

＊資料出處：臺灣衛生福利部 2023 年保護服務司《性侵害事件通報被害及嫌疑人概況》。

人們對性暴力的第二個錯誤觀念：只要反抗就能避免。事實上，性暴力事件就像你在馬路上好端端地開著車，後方的車輛卻突然撞上來一樣，是突然間、毫無來由就可能發生的事。

性暴力的發生也與「權力」有關。性暴力的被害人往往是地位較低、相對無力或社會弱勢，他們要積極反抗或明確地表示拒絕並不容易。而且如果當下的情境關乎他能否生存，他又如何輕易地表示拒絕或反抗？因此，性暴力是一個需要考量權力關係及被害人所處情境的議題。

人們對性暴力的第三個錯誤觀念：被害人往往是咎由自取。將性暴力事件的部分責任歸咎於被害人，指責被害人的衣著或行為表現，是他遭受性暴力的原因之一。然而，被害人就是「被害的」人，沒有人理應成為性暴力的受害者。但這個社會仍有很多人對性暴力抱持錯誤觀念，在性暴力事件發生後，反過來去指責被害人，對被害人造成二度傷害。

如今，我們應該要意識到這些錯誤觀念，並且盡可能讓其他人也知道並導正。如果這些錯誤觀念遲遲不改變，指責被害人的情況將一再地上演。

我們應該要創造出能被害人放心說出被害經歷的社會氛圍，而不是一味地要求被害人懂得拒絕。如果要讓孩子受到良好的性教育，父母就必須先導正自己對性暴力的錯誤觀念。這將是改變社會大眾認知的第一步。

性暴力與「權力」息息相關

你聽過「海恩法則」（Heinrich's Law）嗎？「海恩法則」又名「一：二十九：三百法則」，為美國工業安全先驅赫伯特．海恩（Herbert William Heinrich）於一九三一年的著作《以科學方法預防工業事故》中提出，指「發生一起重大事故前，往往已發生過二十九起輕微事故，以及三百次幾乎造成事故的失誤」。

性暴力也有類似的情形。性暴力諮詢專家指出，性暴力的犯罪者都不是初犯，那不過是他的罪行第一次被發現罷了。也就是說，性暴力犯罪者在日常生活中的許多細微的暴力行為一再地被容許，遲遲未被揭露，遂使得他犯下更重大的暴力行為。

我們都應該知道自己的行為可能會對他人造成何種影響，而那些施行暴力的人往往不知道問題所在，只是一味主張自己只是好玩、不是有心的，對暴力的敏感度非常低。

培養每個人對暴力的敏感度，應該從家庭做起。父母要讓孩子了解他開的玩笑或鬧著玩的行為會造成什麼影響。性暴力最重要的關鍵不是法律上的概念，而是對方（被害人）的感受。

你我都不應該施行性暴力，最重要的不是避免自己受到相關刑罰，而是每個人都要懂得尊重他人。只要讓對方感到不適，即便在法律上不構成性暴力，也是錯誤的行為。凡涉及「性」的言語或行為，都在性暴力的範圍內。有些人分不清「暴力」與「愛」的差別，以為自己不顧對方意願的言行是在表達自己的愛意。但是將暴力合理化，是一種極其錯誤的觀念。

年紀小的孩子之間，也可能會發生互相捉弄或取笑的情況，像是：「你沒胸部，是男的嗎？」「哈哈哈，你是飛機場！」「〇〇〇 沒有發育！」甚至說出具侮辱性的話語：「〇〇〇 的臉長得真難看！」「他那裡小得跟棒棒糖一樣！」或一直叫對方不喜歡的綽號，說一些沒根據的話來為難對方，這類言行都是暴力。父母應該深入了解孩子為何會有這樣的表現，因為孩子無心的話語和行為可能會傷害到別人。

性暴力最根本的問題就如同 #MeToo 運動所揭示，性暴力的發生與「權力」有關，權力大的一方加害於權力小的一方。兩方在權力上的差異可能體現於性別、年齡、體型、學業成績或家中經濟能力等不同層面。

恃強凌弱，就是暴力。若你的孩子也對另一個人做出那樣的行為，請務必堅定地告訴孩子那是錯誤的，不能抱持「孩子只是開玩笑」那種雙標又危險的態度。

事實上，孩子們開玩笑也是會看對象的，通常只會選擇對比自己弱小的人開玩笑，不會對比自己更有權力的人開玩笑。到頭來，性暴力是關乎「平等」和「尊重」。有人會說，那個年紀的孩子不都是那樣嗎？但受過正確教育的孩子，是不會隨便欺凌弱者的。

不要認為性暴力只是社會中的一件芝麻小事，性暴力的核心是「如何尊重他人」，無論男女老少都應該要知道。如果認為年紀小還不用學，將會導致孩子錯失學習「尊重」這個重要課題的機會。

沒有小偷會一開始就挑銀行下手，通常會先行小竊、成功數次且未被懲罰，進而犯下更大的罪行。性暴力也是如此。性暴力的犯罪者不會只是某天才突然出現那樣的行為，而是會先抱持錯誤的性別刻板印象，接著累積愈來愈多性別歧視，最後演變為犯罪。

要杜絕性暴力，就要從日常生活中開始培養對暴力的敏感度。父母更要先檢視自己的觀念，改掉不正確的部分，才有機會培養孩子對暴力的敏感度。

多關注性暴力議題，才能了解如何應對

你聽過「非合意性交罪」嗎？韓國現行法律規定，「強姦罪」之構成要件須包含強暴、脅迫等方法。但如果未包含強暴、脅迫等方法，卻行非合意之性交，會構成「非合意性交罪」，同屬於性暴力之犯罪行為。

「非合意性交罪」強調的不再是「被害人是否明確拒絕」，而是「加害人沒有取得對方同意」，也就是從「他沒說不要，就是同意」（No Means No rule）進展到「他說要，才是同意」（Yes Means Yes rule）。不過，各界目前對「非合意性交罪」的看法不一，因為它也存在誣告的可能性。

但重要的是我們必須了解，對方的「沉默」並不等於「同意」。對方沒有明確表示拒絕時，不應被解釋為「他其實同意，只是不好意思說」。性暴力的發生與否關鍵不在於被害人，而在於加害人。一個人會成為性暴力的被害人，不是因為他做錯了什麼，而是加害人動了加害的意念。

舉例來說，如果你一個人走在街上，後方突然有人拿刀抵著你的脖子說：「不要發出聲音！跟我走，不然我殺了你！」你要立刻反抗並大喊：「我不要！救命啊！」其實並不容易。而且加害人通常會挑比自己弱小的人下手，被害人要在被脅迫、叫出聲就可能失去性命的情況下反抗，是有難度的。

在被人脅迫的情況下，如果能想一想該怎麼逃走、要逃去哪裡，自然是再好不過，有時甚至可以成功勸導或說服加害人改變他的計畫。例如，曾有一名男子沿著屋外的瓦斯管線入侵一名獨居女子的家，準備強暴熟睡中的女子。女子發現後，多次向男子勸說性交一定要使用保險套，最後在兩人一同前往便利商店購買保險套時，女子成功逃脫。幸虧該名女子在危急時刻發揮機智、沉著應對，才化險為夷，將加害人繩之以法。

父母務必和孩子一起討論，如果身處性暴力犯罪的情境中，思考應對方法的重點：

- **如果有機會逃走，有哪些逃走的辦法？**
- **成功逃走後，去哪些地方會比較安全？**
- **如果要向別人求救，有哪些人可以聯繫？**
- **緊急救援電話號碼有哪些？**

請教育孩子根據不同的情況應對，發揮機智。人們很容易認為有機會逃走時一定要大聲喊叫、向外求助。但在某些情況下，大聲喊叫不一定是好辦法。例如當下可能太害怕而叫不出聲，或是叫出聲反而讓自己有生命危險，所以可以帶著孩子練習看看不同的應對方法。

教孩子平時隨身攜帶防身警報器是一個不錯的做法，也可以將孩子主要的活動範圍畫成一張安全地圖，上面標示出危險場所和逃離危險後可前往的安全場所，像是公園、學校、上學路線附近的文具店、便利商店、藥局等店家，能夠在警察抵達以前為那些遇到危險的孩子提供臨時性的保護。並且帶孩子實際走一遍，和孩子溝通。

讓孩子知道緊急救援電話號碼１１０也很重要。只要撥出號碼，就算沒進行到語音通話，也有機會讓警察知道你遇到了狀況及所在的位置。

無奈的是，對於性暴力，並不存在百分百完美的應對方法。前面提到的幾個方法或許是老生常談，但事先思考過並預備好的人，和毫無思考與準備的人，兩者的下場可能會有很大差異。為了保護孩子、不讓孩子落入危險當中，就要時時留意孩子的狀況，教孩子懂得如何應對性暴力。

不要造成性暴力被害人的二度傷害

其實，應該有很多人都曾有過遭受性暴力的經驗，例如遇到暴露狂，或被老師稱讚長得漂亮的同時被拍了一下屁股。尤其在我們的社會裡，從未遭受過性暴力的女性更是少之又少。

性暴力是侵犯人權的一種暴力犯罪。之所以會發生，並不是因為被害人運氣不好或不小心，更不是因為被害人做錯了什麼，而是加害人動了加害的意念。任何人，都有可能受害。

目前為止沒遭受過性暴力的人，也許會認為自己未來也不會遭受性暴力。但目前為止沒發生過車禍，不代表未來也一定不會發生車禍。你以及你的下一代，都有遭受性暴力的可能。

男性和女性一樣，都可能遭受性暴力。根據韓國國防研究院統計，同性間的性暴力從二〇一九年的兩百六十起，增加到二〇二〇年的三百三十三起，意味著幾乎每天都會發生一起同性性暴力案件。而根據臺灣衛生福利部保護服務司二〇二三年統計的「性侵害事件通報被害人」

性別比例來看，男性約為十七%，女性約為八十一%。二〇二〇年，韓國國民請願網站上也出現一名中學男生的母親表示，兒子在學校宿舍不斷遭受同性的性騷擾，最後走上了絕路。

不要以為性暴力只是某些價值觀偏差的人才會犯下的行為。生活在扭曲的性別文化裡，你不僅可能成為被害人，也可能是加害人，或在無意間容許了性暴力的發生，甚至責怪被害人。

將性暴力輕描淡寫，淡化性暴力的意味，主張加害人的行為沒那麼嚴重，就是非常嚴重的問題，例如說「每個人都會犯錯嘛」、「你就體諒一下對方」、「他沒有惡意」、「是因為你長得漂亮才這樣」……這些都是在強化加害人的地位，使被害人陷入沉默。

應該要讓被害人能夠發聲，說出他的經歷和感受。這個社會有責任去聆聽被害人說了什麼。如果將性暴力的責任歸到被害人身上，只會對被害人造成二度傷害。

有人甚至會要求被害人「要像個被害人」，這同樣是錯誤的傳統觀念所衍伸出來的二度傷害。比如認為在遭受性暴力的當下，只要頑強抵抗，就能免於被害，所以如果有一個人的行為表現「不像被害人」，他們就會不分青紅皂白地批判。

韓國女性家族部二〇一九年的「性暴力安全現況調查」顯示，有四十四%的女性表示自己突然在遭遇性暴力的當下根本毫無頭緒、束手無策，只能陷入慌亂。

被害人經常被質疑「當下為何什麼都不做」、「沒有立刻大喊求救」、「沒有立即提告，而是過了一陣子才提告」。但要知道，性暴力是重度犯罪，可能會威脅被害人的生命，而被害人在遭受性暴力且危及生命安全的情況下，很難按照書中理論一板一眼地去應對。所以性暴力被害人又被稱為「倖存者」。

質疑被害人「為何沒有更積極地反抗」、將部分責任轉嫁到被害人身上，是對被害人的二度傷害，也是明確的犯罪行為，不僅沒有保護到被害人，還將被害人的態度和行為表現視為問題所在。例如，記錄韓國前忠清南道知事安熙正性侵案的《我是金智恩》一書，作者金智恩就表示自己在加害人親友眼中，變成了一個奇怪又有問題的女人，更被質疑在遭受性暴力時為何沒有明確表示拒絕。

像這樣在被害人亟需協助的情況下，人們如果又投以異樣眼光或提出不當的質疑，將會對被害人造成更多傷害，使被害人受傷更深。

從現在起，我們應該重新檢視自己的觀念，並且好好教育下一代，停止對性暴力被害人的二度傷害。這是一個關乎我們所有人的重要議題。

與其預防被害，更該防治犯罪

你對一個議題的敏感程度，會左右你如何對它進行分析和解讀。

性暴力的議題就是如此。很多人都被教育說要盡可能避免成為被害人，彷彿只要做得夠到位，就永遠不會受傷害。這是過往大多數性暴力防治教育的內容。

但如今，我們應該改掉這樣的教育框架，因為這樣的教育框架使得人人只專注於如何避免受害，強迫每個人都只能努力讓自己不成為被害人，這樣的教育方針是不對的。性暴力之所以會發生，是因為加害人動了加害的意念，而不是被害人不夠小心。現在我們應該要從「預防被害」轉向「防治犯罪」。

例如，有的父母會一邊看電視、一邊評論藝人的長相；或習慣性以貌取人，對他人品頭論足。在這樣的父母身邊長大的孩子，很容易有樣學樣，變成對他人的一種性騷擾，因為父母的言行會影響孩子。

評論對方的外表是侵犯人際界線的一種明確的暴力行為，久而久之就可能演變為排擠或歧視，對別人造成傷害。如果孩子出現類似言行，父母務必要糾正孩子，讓孩子知道那是不對的。

我們過往所接受的性暴力防治教育，實際上隱含著一種很有問題的刻板印象——認為事發責任在於被害人，被害人應該要小心謹慎。但明明只要加害人不施行性暴力，性暴力事件就不會發生，也就不會有被害人以及所謂被害人應該要注意的那些事情。

性暴力的問題在於加害人，而不是被害人。因此，防治性暴力的重點，應該在於「防治犯罪」。

數位性暴力犯罪，是抹煞人格的重罪

韓國廣播通訊委員會《二〇二〇年廣播媒體使用行為調查》報告顯示，十到五十歲族群的智慧型手機持有率為九十八％。資訊與通訊政策研究所（KISDI）二〇一九年《兒少手機使用時長及使用服務型態分析》報告則指出，小學低年級生的智慧型手機持有率三十七．八％，小學高年級生八十一．二％，國中生九十五．九％，高中生九十五．二％。

數位科技與網路已融入人們的日常，以前要直接面對面才能建立關係；但現在，人們更常透過網路進行互動和建立關係。

在這樣的背景下，不同形式的數位犯罪日益猖獗。其中，大多數的數位性暴力犯罪是透過手機進行，而且犯罪形式十分多樣，例如盜用他人影像，運用「深偽技術」（Deepfakes）合成於色情內容之中；透過網路進行誘拐或跟蹤，甚至進一步演變為實體犯罪。

網路誘拐經常在被害人渾然未覺中發生，對兒少造成的傷害非常大。加害人通常會先取得被害人的好感和信任，使被害人毫無警戒。等累積一定程度的信任以後，加害人就會對被害人進行性剝削。

隨著社群媒體日益發達，網路誘拐的犯罪案件正在急遽增加。然而，遭受到網路誘拐的兒少往往會像被煤氣燈操縱（gaslighting）的人一樣，難以作出適當的判斷，也無法意識到自己受害。

利用通訊軟體 Telegram 進行的「韓國N號房」事件，就是網路誘拐犯罪的典型案例。加害人針對多名女性及未成年兒少進行性剝削，脅迫他們拍下性影像，再散播於私密聊天室中供付費者觀看。網路的匿名性，使得加害人更容易接觸到被害人。

韓國數位性暴力應變中心於二〇二〇年的《受害諮詢統計》顯示，遭網路誘拐的被害人有八成是未成年。這就是為什麼我們如此迫切地需要在家、在學校給孩子進行性教育。而且必須讓孩子知道，誘拐是一種犯罪行為。

孩子接觸和吸收網路資訊的速度非常快，但思辨能力並不如大人，所以大人有責任教孩子了解數位性暴力的不同型態與特徵，提醒孩子留意哪些行為，可能會讓自己成為加害人的目標。

此外，也要讓孩子知道，未徵得對方同意就拍攝對方的身體是非法的。即便是家人、朋友或老師，也不可以在未徵得對方同意的情況下就拍攝對方的身體。曾有一名小學六年級生偷拍了老師的裙底，說是因為看了非法拍攝的影像，產生好奇，於是如法炮製，等於是一項犯罪行為引發了另一項犯罪行為；也曾有一名小學男生因為喜歡的女生沒有接受自己的告白，就將對方的臉合成在裸照上，傳到聊天室群組內。他以為合成照片是很常見的事，覺得好玩才這樣做；也有孩子為了報復看不順眼或合不來的同學，非法拍攝或合成對方的照片後，散播到聊天群組。以上案例都構成校園霸凌與數位性暴力。

父母要讓孩子知道，拍攝、合成、觀看、索取或散播這類影像，都構成犯罪。如果有人上傳這類影像到網路上，或是有人向自己索取這類影像，都一定要讓父母知道。也必須讓孩子了解，自己認為好玩而做出的行為，對別人而言可能一點也不好玩。前述行為不僅侵害到對方的人格，也會毀滅對方的人格。

數位性暴力是謀殺對方人格的重大犯罪，千萬不要對數位性暴力掉以輕心。父母務必要先意識到這一點，並教育自己的孩子。

注意孩子是否沉迷網路匿名聊天

首爾市政府二〇二〇年《數位性暴力兒少受害現況調查》顯示，有三十六％的小學到高中生，表示曾在網路上接獲陌生人的訊息。而根據臺灣新北市婦幼警察隊「性影像犯罪被害年齡層」分析，以十八歲以下為最多，占三十一％。也就是說，陌生人隨時都可能透過網路接觸到你的孩子。

孩子很容易就這樣和陌生人開始匿名聊天，等對方取得孩子一定程度的好感和信任後，便可能要求孩子展示自己的樣貌。通常對方會先要求孩子上傳自己的手、腳、臉或其他身體部位的照片。因為是透過網路、不是面對面，孩子往往無法意識到問題的嚴重性而照做。當對方收到孩子上傳的照片或影片後，便開始威脅要發給家人、朋友或同學，情況將發展到孩子無法想像的地步。

但父母也不要一味地責怪孩子在網路上和別人聊天。生活在數位化時代裡，聊天應用程式是人際溝通的管道之一，孩子本就有權利使用聊天應用程式，這時代的人也已經習慣透過聊天應用程式交朋友。父母要先理解這一點。但在匿名聊天應用程式裡，有時會有意圖對兒少進行性剝削的成年男性。孩子較無警覺心，很容易就在匿名聊天的過程裡不知不覺地受害。

如果發現孩子將自己的照片或影片傳給陌生人，請務必確認孩子是否已經受害，並了解對方和孩子的互動到何種程度、對孩子的了解有多深。接著，留存證據也非常重要。請將對方和孩子的聊天對話內容、聊天室截圖、貼文截圖、有助於辨識對方身分的資訊等一切證據都留存下來。最後，為了避免孩子遭受更多傷害，父母可以向政府主管機關求助，例如臺灣可打全國保護專線：一一三。

臺灣的法律目前針對兒少性影像部分，於「兒童及少年性剝削防制條例」依其手段提高刑責，使兒童或少年被拍攝、自拍、製造性交或猥褻行為之性影像案件，最高可處十年有期徒刑，散布兒少性影像最高可處七年有期徒刑，無正當理由持有兒少性影像，則由行政罰修正為刑罰，最高處一年有期徒刑，境外犯散布兒少性影像罪也都納入處罰，以嚴懲散布兒少性影像者。

孩子如果在匿名聊天過程中遭受到性暴力，父母一定很震驚。但別忘了，孩子身為當事人，一定受到更多驚嚇，往往不敢告訴任何人，獨自默默撐著，身心更是煎熬。爸媽請先安慰孩子，告訴孩子「這不是你的錯」，讓孩子知道，不是只有他會遭受這種傷害，身邊其他人也有可能會遭受到這種傷害，但爸媽會盡全力協助，讓同樣的事不再發生，幫助孩子感到安心。

倘若一味要求孩子永遠不能再匿名聊天，對孩子而言只會是無謂的嘮叨；倘若不斷詢問孩子還做了哪些事，也只會陷入無止盡的追問。父母應該善用機會提醒孩子，在匿名聊天應用程式裡，會有人抱持著性方面的目的接近，如果有人表示願意給予金錢，也一定要有所警惕。

平時也可以與孩子談談，光憑匿名聊天，可能無法真正認識對方是什麼樣的人。就算在聊天過程中跟你很聊得來、讓你覺得他是個不錯的人，也絕對不能與他相約單獨碰面。如果對方開始要你拍下自己的手腳等身體部位、傳照片給他，請立刻停止聯繫，並告訴父母。

孩子能不沉迷於匿名聊天當然最好，但如果孩子喜歡匿名聊天，也不要將錯怪到孩子身上。其實許多沉迷於匿名聊天的孩子都有一個共通點——缺乏父母或周遭親友的關愛和保護。這種情況下，孩子只要受到某個人的關愛，很容易就會喜歡或開始依賴對方。

要防止這種情況發生其實很簡單，請用心關愛孩子、多與孩子談話。孩子如果沉迷於匿名聊天，請爸爸媽媽反思自己平時是否有給予孩子支持和關懷，孩子是否因為缺乏談話對象、感到孤單，才喜歡匿名聊天。

孩子如果突然自尊心變低，或有正在交往的對象、卻展現出憂鬱的神情，爸媽也要留心觀察，不要只是認為孩子會自己處理好。孩子只要表現出跟平常不一樣、出現嚴重的情緒起伏，父母務必要先主動關心孩子。

不過要注意的是，偷看孩子的手機並不是好的做法，而是讓孩子知道「如果需要幫助，隨時可以告訴爸媽」、「爸媽永遠站在你這邊、會幫助你」。平時就經常得到父母支持和關懷的孩子，在遇到困難時也能更自在地向父母求助。

養兒育女的過程中，每個時期都有應該給予孩子的愛和關心。試著回想孩子剛來到這個世界上時，因為孩子的到來無比珍貴，即便孩子還不會說話，經常啼哭，你也會用心觀察孩子的表情，來了解孩子的需要。

孩子需要的就是這樣的關愛。如果不希望孩子沉迷於匿名聊天，請給予孩子夠多的關心與愛。孩子一旦有了父母的關愛，就能保有較穩定的自尊，不容易受別人的影響。即便被他人影響，也能很快地找回自己、振作起來。

我的孩子也可能成為性暴力加害人或被害人

父母不可能了解孩子的全部。孩子在父母面前可能是一種樣子，在別人面前是另一種樣子。即使孩子在家表現得很乖、很會讀書，在家以外卻可能展現出不同樣貌。所以務必記住，你的孩子，也有可能成為性暴力的加害人。

孩子成為性暴力加害人，請教他「負責」

大部分父母都相信「我的孩子不是那種人」，所以當得知孩子成為性暴力加害人，都會很驚慌。有的父母即便透過監視器看見自己的孩子施暴的畫面，也會堅決否認自己的孩子是加害人。

但施行性暴力的可能性，並不只存在於某一特定類型的人身上。任何會用不平等的方式對待別人的人，都可能成為性暴力加害人。就算他很孝順、很會讀書或運動細胞很好，也無法排除變成性暴力加害人的可能性。

如果你的孩子成為性暴力的加害人，請從一開始就要求孩子負起責任。或許光是想到「自己的孩子可能變成性暴力加害人」，就足以讓你鬱悶得喘不過氣。雖然你從未教孩子做出那種行為，但你無法保證孩子永遠不會那樣做。而且性暴力的施行絕對不是一時的失誤，而是由於缺乏對他人的尊重，身為父母，絕對不可以輕描淡寫地帶過。

很多父母會在這種時候主張孩子年紀還小、不懂事，甚至想代替孩子承擔，有些父母還會聘請律師，希望讓孩子免於受罰，以為這樣是為了孩子好，但這樣的態度對孩子是沒有幫助的。孩子不但無法意識到自己錯了，還會因此認為父母會幫他解決所有問題，日後可能再次做出相同的行為，變得自我中心，甚至無視道德標準。

有些父母雖然願意承認孩子做錯了，卻會擔心孩子的人際關係出現問題，沒有找孩子好好討論整件事情，只給孩子一些零錢或他想要的東西，要孩子不要灰心喪氣。試想，當孩子聽到父母說「沒關係」，甚至給他禮物，他會怎麼想？搞不好會認為自己只是一時運氣不好，更別說反省了。如果真的愛你的孩子，當他做錯時，就請讓孩子自己負起責任、承受應有的懲罰，為自己不當的行為付出代價。

有的父母得知自己的孩子變成性暴力加害人後，會非常失望，尖銳地辱罵：「我什麼時候那樣教過你？」「我怎麼會有你這種小孩！」甚至立刻就要把孩子趕出家門。與其這樣大發雷霆、跟孩子翻臉，最好先保持沉默，降低對親子關係的傷害。因為孩子一旦看到父母火冒三丈的樣子，很容易感到恐懼，覺得自己被父母拋棄。

由此可見，父母的第一反應是最重要的。父母的第一步，是以認真的態度了解事情的來龍去脈，盡快找到被害人，請孩子真誠地向被害人道歉，讓孩子意識到他真的做錯了。明智的父母會在一開始就要求孩子負責，以免同樣的事情再次發生。

向被害人道歉後，也要履行被害人或被害人父母提出的要求，以行動來表達歉意。如果校方或相關單位展開調查，也要積極配合，在過程中不對被害人造成二度傷害。有些加害人的父母會嘗試聯繫被害人，慫恿被害人和解。但是自顧自地懇求被害人原諒，會導致被害人更加難受。

如果孩子需要接受輔導教育，父母也請一起參與，檢視自己的家庭文化是否出了問題。完成所有相關流程後，也要回頭審視自己與孩子的身心狀況，因為過程中想必有許多驚慌失措，務必要先安撫自己，慢慢走向復原。也要多關心孩子的狀況，幫助孩子找回自尊，避免孩子貶低自己。

犯下性暴力確實是不對的行為，但孩子的存在本身並不是不好的，父母要明確讓孩子知道他是什麼地方做錯了。但孩子就算成為性暴力的加害人，你和孩子依舊是一家人。

孩子是一個具有人格的獨立個體。無論發生什麼事，父母都不該在言語或行動上侵犯孩子的人權。孩子如果做錯，你可以管教、糾正他，但不要侮辱孩子的人格，更別說是虐待。真正重要的是讓孩子打從心底反省自己的所作所為，意識到自己做錯，向被害人道歉，這樣的經驗對孩子非常重要，而且這些經驗絕對不是負面的，反而是一次能照亮黑暗道路的機會。

父母也不要因為孩子是加害人就太過傷心自責。請視為可以教育孩子的機會，讓孩子不要成為一再犯錯的人。再次強調，如果孩子變成性暴力的加害人，請要求孩子負起責任。

孩子成為性暴力被害人，該如何保護他？

哈佛大學精神醫學教授赫曼（Judith Herman）在著作《創傷與復原》（Trauma and Recovery）中指出，遭受性暴力所產生的心理創傷，比越戰士兵的創傷後壓力症候群更嚴重。遭受性暴力後沒有因為內疚與恥辱感而自殺，從死亡邊緣倖存下來，等同於從一場戰爭中倖存。因此，性暴力的被害人又被稱為「倖存者」，因為他們經歷了巨大的痛苦後，依然活了下來。

性暴力是無論如何都不該發生的。但父母再怎麼努力保護孩子，也不可能百分百周全。就像車禍的發生，不會管你是什麼年紀、什麼性別、穿什麼衣服、書讀得好不好。你的孩子，也可能成為性暴力的被害人。

很多父母只要一想到「我的孩子如果遭受性暴力」，就會忍不住流眼淚。我們都希望自己的孩子永遠不會遭受性暴力，但要防範不知道何時會發生的意外是很困難的。

既然防範不了，我們就要改變思考：如果真的發生了，要怎麼處理和面對？孩子已經受害的事實是改變不了的，但孩子受害之後內心的想法和感受，是有機會被改變的。

首先，父母要先承認：事情已經發生在孩子身上。而就算孩子遭受性暴力，也還是有辦法可以保護自己。

父母千萬不要劈頭就責怪孩子。一開始可能會由於憤怒、不安和鬱悶，難以控制情緒，甚至激動地哭喊。但父母愈是那樣，孩子會愈恐懼，受傷更深。請記得，孩子並沒有做錯，對孩子而言，最重要的是要走上復原的道路。請像面對其他意外事件一樣冷靜地應對。

這種時候，一定要有人可以信任與保護孩子。我曾在一場性教育講座中提到：「只要有一個人，能好好聆聽被害人遭受性暴力的經歷和感受，被害人就會有安全感。」有沒有人能站在被害人的角度去思考和同理，會帶來很大的不同。身為父母，更該在這種時候好好安撫並保護孩子，幫助孩子走出恐懼和悲傷，成為孩子的心靈支柱。

父母一定要先保持穩定，才有辦法幫助孩子。自己穩定下來後，請先安撫比誰都痛苦的孩子，接著仔細了解來龍去脈，這將有助於解決問題。請有條不紊地向孩子提問，過程中千萬不要責怪孩子，也不要無止盡地追問，而是好好聆聽，並在孩子回答後告訴他：「這真的很不容易，謝謝你願意告訴我。」

再來，請繼續與孩子對話、釐清孩子想要的是什麼。如果跳過這一步、不管三七二十一直接提告，並不是好的處理方法。父母應該根據孩子的想法來決定後續的做法。

以上事項告一段落後，要持續確認孩子的身心狀態。最重要的是孩子的復原狀況，要讓孩子以健康的身心恢復正常生活，比什麼都重要。孩子的健康和安全，永遠是第一。

倘若你的孩子遭受到性暴力，你可以這樣告訴孩子：

- 謝謝你告訴媽媽（爸爸）。
- 這完全不是你的錯。
- 不是因為你做錯了什麼。
- 是加害人有錯。
- 這真的讓人很憤怒，我可以理解的。
- 爸爸媽媽相信你，會一直站在你這邊。

以下是你「不該」對孩子說的話：

- 我不是叫你小心一點嗎？
- 你為什麼要乖乖照做？
- 你怎麼什麼都沒做？
- 你應該多注意一點呀！
- 我說過多少次了，叫你不要那樣！
- 我現在不想談這個，之後再說！

基於不同環境與孩子的個性，孩子有可能不敢對父母及任何人說。所以平時請多觀察孩子的狀況。加上孩子對暴力的敏感度較低，更容易遭受到暴力，孩子身邊的大人就具有非常重要的作用。請多留意孩子跟哪些人在互動、玩什麼遊戲。而且就算孩子沒有說，你也有機會從孩子身上或行為中觀察到性暴力的影響或痕跡。

孩子遭受性暴力並不是丟臉的事，責任與過錯也不在孩子身上，而是在加害人身上。父母一定要幫助孩子，讓被害的經驗不要變成孩子一輩子的創傷。請父母好好安撫與保護孩子。

如果遭遇性暴力，請向專業機構求助

如果遭遇到性暴力，且決定採取法律手段，有幾點事項必須要注意。

首先，要確認「是否在法律上構成被害」，因為不是所有性暴力行為都會受到刑事處分。刑法規定，未滿十四歲人之行為是不罰的。

再來，應該向協助性暴力被害人的專業機構求助，確實蒐集證據。證據非常重要，而且證據可能會隨著時間過去而消失不見。如果缺乏明確的被害證據，被害人反而可能有誣告之嫌疑。

協助性暴力被害人的專業機構，可以提供不同形式的服務。在韓國，如果是兒少遭遇到性暴力，可以向全國的向日葵中心尋求協助。這裡除了提供遊戲治療等心理諮商，亦可視孩子的情況，提供藥物治療。在臺灣，則有全國專線「一一三」，只要發現有任何人遭受不當對待，或家庭暴力、性侵害、性騷擾等，都可以撥打此專線，將有專業社工提供諮詢、通報、轉介等服務。各縣市也都有家庭暴力暨性侵害防治中心，或是民間單位如勵馨基金會、現代婦女基金會、臺灣展翅協會、婦女新知基金會等，都有提供司法相關協助與身心輔導。

如果孩子遭遇性暴力，我們很容易驚慌失措，若有專業機構協助，能盡量減輕後遺症，幫助孩子以「倖存者」而非「被害者」的身分繼續面對未來。我建議父母也應尋求心理諮商協助。很多父母在得知孩子遭遇性暴力後，會陷入很深的內疚，「當初就該攔著他」、「都怪我沒用」。但是性暴力的發生既不是孩子的錯，也不是父母的錯，而且父母的情緒容易影響孩子。為了幫助孩子克服難關，父母一定要先穩住並振作起來。

不過有時候，即使已經得到專業協助，事情仍可能無法如願地解決。請不要太自責，父母和孩子都已經盡全力去面對這一切，無論結果如何，都不是孩子或父母的錯。記得要告訴自己和孩子「真的辛苦了，已經盡全力了」。

父母往往會希望孩子能盡快復原，但有的孩子是需要一點時間的。請不要著急催促、給予太多壓力，孩子一定也在盡他最大的努力了，請尊重孩子的時間以及存在本身。往後的日子請持續陪伴孩子，成為他的心靈支柱，孩子和父母也別忘了找時間休息或出門散散心，尋找適合的紓壓方法，像是慢跑、冥想等。

結語　為孩子的性教育盡心盡力的父母，辛苦了！

養兒育女的過程中，即便已經盡了全力，有些時候事情仍沒有想像中順利。很多父母會犯錯，因此而後悔，或在孩子生病或受傷時感到自責。每當這時，我就會懷疑自己是否有「當父母的資格」，擔心自己做錯了或不夠好，一想到有關孩子的事就焦慮不已，擔心未來能不能好好將孩子拉拔長大。

可是每個人都是第一次當父母，有美中不足之處都是很正常的。如果不是成為了孩子的爸媽，我們不會一邊走、一邊賣力地對孩子自言自語，不會在孩子面前手舞足蹈，不會和孩子一起騎腳踏車兜風，也不會在孩子睡前坐在床邊讀故事書。這些如果不是身為父母就不會做的事，都是因為有孩子的存在，才會發生。

孩子的存在，經常讓我發掘自己未知的一面。在我兒子的幼稚園運動會上，兒子大喊：「媽媽，你也一起參加嘛！」便讓我拋下了羞怯、跑上場一起參加競賽。我到現在都還記得，當兒子從我手中接過獎品時，開心地笑著大喊「我媽媽得第一名」的可愛模樣。

養育孩子的日子有很多歡笑，也有很多淚水。我的兩個兒子雖然都是我生的，卻和我很不一樣，他們兩個人也有很多不同，常常讓我忍不住驚嘆：「怎麼會這麼不一樣！」

同樣地，父母和孩子對「性」的想法和感受也可能是不同的，這並沒有對錯，我們應該尊重彼此的差異。而且有時候，父母的價值觀也可能存在偏誤，孩子也有必須接納這一點的時刻。

所以，為了寶貝的孩子而打開這本書的各位爸媽，我想跟你們說：「請將所學到的，送給自己的孩子吧！」為了心愛的孩子，請將本書所提到的內容好好實踐出來。

不過要有心理準備，性教育剛開始進行不久，可能還不會那麼快就顯現出效果。你也可能會擔心自己能不能把孩子教好，或是急於確認孩子是否真的會有所不同。但請別著急，性教育不是一個一投入就立刻會有結果的領域。

但如果不從現在就開始進行性教育，孩子可能會養成錯誤的性觀念，這會影響孩子的一生。請父母成為能夠讓孩子感到安適的對象，成為孩子永遠的避風港。

對待孩子的心一定要謹慎、細膩且溫柔。若是隨隨便便地，孩子很容易受傷，而內心受到的傷是不容易癒合的，即便癒合也可能留下傷疤；受傷的記憶也會持續折磨孩子的內心，變成一輩子的痛。

有人說，「愛」要主動付出。愈是主動分享愛，愈能感受到豐富的愛。而要做到這一點是需要方法的。也就是說，「愛」需要學習。你若愛一個人，你不會去操縱他、規範他，更不會去貶低他，而是會肯定對方的獨特性，與他平等相待。愛始於「尊重」，並且包含「肯定」與「支持」。請想一想，你是否尊重孩子作為一個具有獨特性的獨立個體？

為人父母的過程中，可能會經歷很多自我懷疑的時刻。即便我們努力告訴自己「目前為止都做得很好」，但自己實際上是不是真的做得很好，其實無從得知。跟其他父母交流時，也很容易進行比較、懷疑自己。但我們都是第一次當爸媽，自然會有發生失誤和無法確信的時候。所以每一次的自我懷疑，請不要想得太嚴重。這一次又一次的自我懷疑，會幫助我們成為更強大的父母。

願意正視性教育並打開書本學習的人，其實都已經是很棒的父母。我在本書談到性教育的許多面向，各位是不可能一次全部學起來的。如果你要求自己一次全部學起來，可能很快就會感到疲乏、厭倦，或因為太難、太辛苦而根本無法開始。所以請一條一條地逐步練習、嘗試看看吧！如此慢慢累積，就會從一變成二，從二變成三，然後變成十、變成百。如果覺得累了，也可以暫時休息一下再繼續。

曾有一段時間，我跑馬拉松時眼睛都只看前方，沒有給自己餘裕去欣賞四周的人和風景，感受陣陣的微風。直到有一次受傷才領悟到，只看著前方跑並不是好的做法，那樣的野心太過頭了。從那時候起，我開始享受過程中的樂趣，累了就休息一下，用相機拍拍四周的風景。有的時候，我們必須拚盡全力；但有的時候，想做再做，開心就好了。

人生不是一場短跑，而是一趟旅程，是用來體驗的。請和孩子一起好好體驗、享受人生，你會成為更好、更成熟的父母。

希望各位父母在這本書裡學到的，可以好好傳達給你的孩子，成為親子一起成長的契機。一直為孩子的性教育而盡心盡力的你，辛苦了！

作者介紹——朴美愛 박미애

因為被兒子問道：「為什麼我的小雞雞長高了？」、「為什麼小雞雞旁邊長出了頭髮？」讓她深刻感受到性教育的必要性，抱著期待兩個兒子能成為擁有正確性觀念的人，成為一名性教育專業講師，至今已超過十年。

於KakaoTalk經營「朴美愛講師性諮詢中心」官方帳號，每個月回答超過一百個孩子充滿好奇心的問題，孩子可以隨時提問，而且完全保密。除此之外，也對性暴力被害人提供諮詢與協助，並致力於向所有父母及成年人傳達「性」的意義，希望幫助社會大眾建立對「性」的正確態度，了解人際界線。

資歷：價值成長研究所所長、韓國性學會會員、韓國性別平等教育振興院預防暴力教育特聘講師、京畿道婦女家庭基金會守護孩子宣傳大使、韓國多所公家機關性相關申訴專家委員

譯者介紹——邱麟翔

國立臺灣師範大學畢業，曾赴韓國首爾市立大學、延世大學擔任交換學生。譯有《孫石熙的脈絡新聞學》、《文明與數學》、《餐桌上的一匙歷史》等書。

性教育・教孩子前先教自己：專業講師寫給怕尷尬的父母，健全觀念╳實例示範，讓性教育自然融入親子生活！／朴美愛（박미애） 著. 邱麟翔 譯. -- 初版. – 臺北市：時報文化出版企業股份有限公司, 2024.12；240面；14.8╳21 公分. --（LEARN；079）
譯自：유아기부터 시작하는 우리 아이 성교육
ISBN 978-626-396-968-1 (平裝)
1.CST: 性教育 2.CST: 親職教育 3.CST: 子女教育

544.72 113016535

ISBN：978-626-396-968-1
Printed in Taiwan

LEARN 079

性教育・教孩子前先教自己

專業講師寫給怕尷尬的父母，健全觀念╳實例示範，讓性教育自然融入親子生活！

유아기부터 시작하는 우리 아이 성교육

作者 朴美愛｜**譯者** 邱麟翔｜**主編** 尹蘊雯｜**責任企劃** 吳美瑤｜**美術設計** FE設計｜**內頁排版** 芯澤有限公司｜**副總編輯** 邱憶伶｜**董事長** 趙政岷｜**出版者** 時報文化出版企業股份有限公司 108019 臺北市和平西路三段240 號 3 樓 發行專線—（02）2306-6842 讀者服務專線—0800-231-705・（02）2304-7103 讀者服務傳真—（02）2304-6858 郵撥—19344724 時報文化出版公司 信箱—10899臺北華江橋郵局第 99 信箱 時報悅讀網—www.readingtimes.com.tw 電子郵件信箱—newlife@readingtimes.com.tw ｜**法律顧問** 理律法律事務所 陳長文律師、李念祖律師｜**印刷** 勁達印刷有限公司｜**初版一刷** 2024年 12月20 日｜**定價** 新臺幣450 元｜（缺頁或破損的書，請寄回更換）

時報文化出版公司成立於1975年，1999年股票上櫃公開發行，2008年脫離中時集團非屬旺中，以「尊重智慧與創意的文化事業」為信念。